# 偉大なる残念な人たち

著 八島みず紀
絵 えのきのこ

JN162613

PARCO出版

もくじ

●名前の表記は、一般的なものを使用し、一部ミドルネームなどは省略しています。
●本文中の年齢は、とくに示したものを以外、数え年で表記しています。

父ちゃん、ボクをパシリにしないで……

# 日本《やまと》武尊《たけるのみこと》

生没年不詳(伝・72〜113年)

## 足跡《そくせき》

第十二代景行天皇《けいこうてんのう》の皇子。仲哀天皇《ちゅうあいてんのう》の父。十六歳の時、熊襲建《くまそたける》を討ち取り、帰京後は東征に赴く。倭姫命《やまとひめのみこと》からもらった草薙剣《くさなぎのつるぎ》や、弟橘媛《おとたちばなひめ》の自己犠牲によって危機を脱し、東征に成功。その帰路、伊勢《いせ》の能褒野《のぼの》で死す。

古代日本の英雄《ヒーロー》といえば日本《やまと》武尊《たけるのみこと》です。彼は第十二代景《けい》行天皇《こうてんのう》の皇子で、もとの名は小碓命《おうすのみこと》。父から「お兄ちゃん(＝大碓命《おおうすのみこと》)を食事に連れて来て」と頼まれただけなのに、その兄を素手で殺してバラバラにした上でわらにつつんで投げ捨てちゃったくらい(!!)、やんちゃな幼少期を過ごしました。

そのやんちゃが災いし、父からすっかり怖がられてしまった英雄……。九州の熊襲《くまそ》を少数の従者だけ連れて討つよう命令じたり、九州から帰ってきたと思ったら、今度は東国の蝦夷《えみし》を討つよう命じるなど、自分を遠ざけようと無茶ぶりをかます父に、さすがの彼も恨みを募らせたとか。

とはいえ、そこは英雄。次々襲いかかる苦難を、持ち前の武勇で切り抜けていきました。しかし、無事に東国を平定した帰り道、ついでに伊吹山《いぶきやま》の神を討とうとしたところで致命的なミスを犯してしまいます。なんと、大事な神剣である草《くさ》薙剣《なぎのつるぎ》を妻の一人、宮簀媛《みやずひめ》のもとに置いてきてしまったのです。しかも、山で見かけた白いイノシシをただの雑魚《ざこ》キャラだと勘違い。本当はこのイノシシこそが、大ボスである伊吹山の神でした。忘れ物に加え、敵の正体を勘違いしたことで、彼は深手を負い、結果的に命を落としてしまったのでした。

**残念格言**

何事も「家に帰るまでが遠足！」

居候おじさんたちの絆をナメてもらっては困る

# 劉備《りゅうび》・関羽《かんう》・張飛《ちょうひ》

後漢時代末期～三国時代（160年頃）

『三国志《さんごくし》』の主役の一人として名高いのが、蜀漢《しょくかん》を建国した劉備《りゅうび》(玄徳《げんとく》)。そして、彼と「桃園《とうえん》の誓い」で義兄弟の契《ちぎ》りを結び、共に戦った関羽《かんう》(雲長《うんちょう》)と張飛《ちょうひ》(益徳《えきとく》)です。

劉備は前漢《ぜんかん》・景帝《けいてい》の子孫と称していましたが、父を早くに亡くし、母と共に貧しい日々を送っていたため実際のところ出自は不明です。一八四年、黄巾《こうきん》の乱が起こると、関羽・張飛と義勇軍を立ち上げましたが、どんなにがんばっても領地を得ることができず、各地を転々としていました。いい年したおじさんたちが三人であちこちを居候して歩く生活だったわけです。

ようやく明るい兆しが見えたのは、荊州《けいしゅう》の劉表《りゅうひょう》の元で居候していた時。稀代《きだい》の天才・諸葛亮《しょかつりょう》を、「三顧《さんこ》の礼《れい》」によって軍師として迎え入れることに成功したのです。「三顧の礼」とは、劉備が諸葛亮のもとへ三度も出向きお願いをした、ということですが、現代では一歩間違えるとストーカーまがいのきわどい作戦です。

何はともあれ、諸葛亮の巧みな作戦によって、劉備らは、強敵・魏《ぎ》の曹操《そうそう》を赤壁《せきへき》の戦いで撃破。天下を三つの国でバランスよく分けるという天下三分の計の基礎を築き、二二一年、ついに成都《せいと》を都として蜀漢を建国しました。彼らが無事、居候のおじさんを卒業でき

足跡《そくせき》

『三国志演義《さんごくしえんぎ》』によると、三人は桃園《とうえん》で義兄弟の契りを結ぶ。曹操《そうそう》、袁紹《えんしょう》など各地の豪族の元を転々としたのち、荊州《けいしゅう》で諸葛亮《しょかつりょう》を軍師に迎える。二〇八年、赤壁《せきへき》の戦いで曹操に勝利。二一九年、関羽死去。二二一年、蜀漢《しょくかん》を建国。同年、張飛死去。二二三年、白帝城《はくていじょう》にて劉備死去。

た瞬間でした。

このように固い絆《きずな》で結ばれた三人でしたが、この絆と彼ら自身の性格が、のちに悲惨な死を招いてしまうのです。

まずは、美髯《びぜん》の最強武人と称された関羽。赤壁の戦いののち、関羽は、呉《ご》との間で争いが起こっていた荊州の守りを任されました。元来プライドが高く、傲慢《ごうまん》なところがたまにきずだった彼は、当時まだ無名の新人武将だった呉軍の陸遜《りくそん》を完全になめきっていました。この油断によって彼は敗れ、戦死してしまったのです。

愛する義兄・関羽の訃報《ふほう》を聞いた張飛は正気ではいられず、かねてよりの酒乱ぶりと部下へのパワハラが加速。恨みを募らせた部下たちに暗殺されてしまうという、何とも悲しい最期《さいご》を迎えます。怒りで正気を保てなかったのは、劉備も同じ。群臣たちの諫《いさ》めも聞かず、関羽の仇討ちのため呉へ侵攻しますが、あえなく失敗。あまりのショックから病気になり、亡くなってしまいました。強すぎる絆は、時に自分の首を絞めるということでしょうか。

**残念格言**

**怒った時こそ、周囲に耳を傾けよう**

やっぱり私が跡を継ぐべきでした

# 諸葛亮《しょかつりょう》

後漢時代末期～三国時代（181～234年）

プリーズ!!
お願い
話を聞いて!!
わたしには
参謀が
必要なのっ
あの人
人望
あるけど
領土もって
ねーしなあ
ピーン
どーすっかなー

**足跡《そくせき》**

琅邪《ろうや》（現在の山東省《さんとうしょう》）の生まれ。字《あざな》は孔明《こうめい》。劉備《りゅうび》の参謀となり、二〇八年、赤壁《せきへき》の戦いで曹操《そうそう》率いる魏《ぎ》軍を破る。劉備が亡くなったあとは劉禅《りゅうぜん》を補佐し、蜀漢《しょくかん》をまとめる。二三四年、魏軍と対陣中、五丈原《ごじょうげん》で死去。

諸葛亮《しょかつりょう》（孔明《こうめい》）の知名度は非常に高く、『三国志《さんごくし》』を知らない人でも、一度はその名を耳にしたことがあるでしょう。

若き頃、「臥竜《がりょう》」（才能を発揮しないまま寝ている竜）と評されていた諸葛亮は、その後、劉備《りゅうび》から「三顧《さんこ》の礼」によって迎えられ、彼の軍師として大活躍します。人望を集めながらも領地を一向に持てないダメ男だった劉備に「天下三分の計」を授け、最終的に蜀《しょく》漢の皇帝にまで導きました。

その劉備が死の直前、諸葛亮に伝えたとされる言葉があります。まず、跡継ぎである息子・劉禅《りゅうぜん》に君主としての価値がなかった場合、諸葛亮自らが皇帝となって蜀漢を導いてほしい、ということ（結果的に劉禅はダメダメのダメ皇帝となり、蜀漢を滅ぼしました）。そして、臣下の馬謖《ばしょく》は口だけの男だから、あまり重用しないように、ということ。実は諸葛亮、この馬謖という男を高く評価し、かわいがっていたのです。

諸葛亮は、自身の「情」を制御できなかったのでしょうか。魏《ぎ》との戦いで馬謖を大将に抜擢《ばってき》しましたが、馬謖はあろうことか諸葛亮の指示に背き、大敗を喫してしまうのです。軍律に違反した馬謖を、諸葛亮は泣きながら斬ったとか。劉備の遺言を聞いていればよかったのに……。

**残念格言**

かわいいやつでも、疑う勇気を持とう

疑わしきは迷わず殺すッ!

# 天智天皇《てんちてんのう》

626年〜671年

弟くん
キミ皇太子な
息子よ
お前は
太政大臣な
めんどくさ〜
鎌足が
いたらな〜

天智天皇《てんちてんのう》は、「中大兄皇子《なかのおおえのおうじ》」という別名の方がよく知られているかもしれません。そう、乙巳《いっし》の変で中臣鎌足《なかとみのかまたり》らとともに蘇我《そが》氏を滅ぼし大化《たいか》の改新《かいしん》を成し遂げた、あの人です。天智天皇として即位したのは亡くなるわずか三年前ですが、中大兄皇子時代を含め、政治家として多くの業績を残しました。

さて、六四五年の乙巳の変では、当時権力の中枢にいた蘇我入鹿《いるか》はじめ蘇我宗家一族をあっさり皆殺しにした中大兄皇子ですが、彼のダークサイドは、こんなものではありません。

同年には、身の危険を感じて自ら皇位継承を辞退した古人《ふるひと》大兄皇子《おおえのみこ》を謀反の罪で殺し、六四九年には、乙巳の変の仲間だった右大臣・蘇我倉山田石川麻呂《くらやまだのいしかわまろ》までも無実の罪で自殺に追い込んでしまいます。ちなみに彼は中大兄皇子にとっては妻の父……義父でした。この容赦ない感じ、さすがです!

さらに六五八年には、孝徳天皇《こうとくてんのう》の子であり、自分のいとこの有間皇子《ありまのみこ》を謀反の罪で処刑してしまいました。

彼らはすべて、中大兄皇子の「権力掌握《しょうあく》の妨《さまた》げになる人たち」だったわけですが、もちろん実際に謀反を起こしたわけではありません。疑われただけで殺されてしまうとは、何とも気の毒としか言いようがありませんね……。

### 足《そく》跡《せき》

六二六年、舒明《じょめい》天皇の第二皇子として生まれる。六四五年、中臣鎌足《なかとみのかまたり》らと図って蘇我《そが》氏を倒し、皇太子となって大化《たいか》の改新《かいしん》を推し進める。六六七年、近江《おうみ》に都を移し、六六八年、即位。六七二年、四五歳で死去。

### 残念格言

大望を果たせる人は、容赦なく仲間を蹴落とせる人

## 玄宗《げんそう》

嫁が好きすぎただけ。後悔はしてない。

685年～762年

玄宗《げんそう》は傾国《けいこく》の美女・楊貴妃《ようきひ》とセットで覚えられていることが多いため、「美女に溺《おぼ》れた残念な皇帝」のイメージが強いかもしれません。そのイメージは正解なのですが、しかし、玄宗(本名・李隆基《りりゅうき》)は初めから残念な皇帝だったわけではないのです。

玄宗は、唐《とう》朝第五代皇帝・睿宗《えいそう》の第三子として生まれました。七一〇年、当時権力を握っていた第四代皇帝の中宗《ちゅうそう》の皇后・韋后《いこう》とその一派をクーデターで倒すと、父から位を譲り受け、第六代皇帝となります。

玄宗は優秀な人材を次々と登用、贅沢《ぜいたく》三昧だった宮廷内を正して学問を重んじるなど、公正な政治の再建に努めていました。その政治姿勢は真面目そのもの！おかげで都の長安《ちょうあん》は賑《にぎ》わいを増し、文化や学問は大いに栄えたのです。

ここまでは文句なく「とってもよい皇帝」だった玄宗。実際、この時期の治世は「開元《かいげん》の治《ち》」と称されるほどです。しかし、よい時代に限って長くは続かないのが世の常。困ったことに、玄宗自身が政治に飽きてしまったという……。かわいがっていた臣下の李林甫《りりんぽ》や、高力士《こうりきし》ら宦官《かんがん》(＝あそこを切り取った官吏)に政治を任せっきりとなり、世の中はどんどん乱れていきました。

**足《そく》跡《せき》**

六八五年、唐《とう》朝第五代皇帝・睿宗《えいそう》の第三子として生まれる。七一〇年、クーデターを敢行して韋后《いこう》一派を廃し、皇太子に。七一二年、第六代皇帝につく。前半は「開元《かいげん》の治」と称される善政を敷くが、晩年は楊貴妃《ようきひ》に溺れて安史《あんし》の乱を招く。その後、息子の粛宗《しゅくそう》に譲位し、七六二年死去。

そんな折、玄宗が不運にも出会ってしまったのが、楊貴妃です。彼女はもともと息子の妻でしたが、一目ぼれした玄宗は、有無を言わさず息子から略奪。玄宗のデレぶりは周囲が呆《あき》れるほどで、詩人・白居易《はくきょい》が「長恨歌《ちょうごんか》」に「これ以降皇帝は、朝早くに朝廷に出て来ることがなくなってしまった」と詠んだほど。

美女にデレるくらいならまだよかったのですが、楊貴妃の親族と称する楊国忠《ようこくちゅう》という無学のならず者が、宰相《さいしょう》として権力を振るうようになってしまいました。そんな彼と対立したのが、同じく玄宗の信頼を得ていた安禄山《あんろくざん》という男。安禄山は辛抱たまらず、ついに反乱を起こしてしまいます(安史《あんし》の乱)。玄宗らは都を捨て、四川《しせん》へと落ち延びるはめに……。しかも、その途中で兵士たちがまたも反乱を起こし、玄宗に楊貴妃を殺せと迫りました。玄宗は泣く泣くそれに同意したといいますが、その後は生きる気力を失ってしまったとか。恋は盲目と言いますが、まさにその通りかもしれません。

**残念格言**

盲目の恋には良くない結末が待っている

ぼく、空まわりしてました？

# 聖武天皇《しょうむてんのう》

701年～756年

「聖武天皇《しょうむてんのう》といえば？」と問えば、多くの人が「大仏！」と答えることでしょう。「東大寺《とうだいじ》の大仏は、仏教を厚く信仰した聖武天皇と光明皇后《こうみょうこうごう》によって作られた」とは、社会の教科書でもおなじみのフレーズ。しかし、その深い信仰心は、本当に人々を救済したのでしょうか？

聖武天皇が即位したのは、七二四年。二四歳のときでした。このころ権力を握っていたのは、皇族である長屋王《ながやおう》。ところが彼は、藤原《ふじわら》氏の権力を取り戻そうと企む藤原不比等《ふひと》の息子たち（武智麻呂《むちまろ》・房前《ふささき》・宇合《うまかい》・麻呂《まろ》、通称・藤原四子）に仕組まれて、七二九年、自殺に追い込まれてしまいます。

これで藤原四子の天下がやってくる……と思われたのも束の間。九州で流行し始めていた疫病（天然痘《てんねんとう》）があっという間に全国に広がり、都はどこもかしこも死体の山。しかも、あろうことか藤原四子全員がこの疫病にかかり、あっさり亡くなってしまうのです。加えて、政権の中枢にいた高官のほとんどが疫病で死んでしまうという大ピンチ！　即位してから十数年で、この追い詰められ感……。

仏教に救いを求めたくなる気持ち、分からなくもありません。しかし、悲劇はこれだけでは終わらなかっ

**足跡《そくせき》**

七二四年、即位。七三七年、政治の中枢にいた藤原《ふじわら》四子らが疫病で死去。七四〇年、藤原広嗣《ひろつぐ》の乱が勃発。政治の安定と疫病の平癒を願い、七四一年に国分寺《こくぶんじ》建立の詔《みことのり》を、七四三年に大仏造立の詔を発布。同年墾田永年私財法《こんでんえいねんしざいほう》を制定する。七五二年、東大寺《とうだいじ》大仏の開眼法要を執り行う。

たのです。

七四〇年には、政権への不満を爆発させた藤原広嗣《ひろつぐ》が、一万に及ぶ兵を集め、大宰府《だざいふ》で反乱を起こします。2か月ほどで乱は収束したものの、この時点ですでにHP《ヒットポイント》がゼロに近かった聖武天皇は、何を思ったか「謎の遷都《せんと》まつり」を開始！　七四〇年、突如平城京《へいじょうきょう》を出たかと思えば、山背恭仁京《やましろくにのみや》→難波宮《なにわのみや》→紫香楽宮《しがらきのみや》と次々に都を移し、七四五年、結局スタート地点の平城京に戻ってしまったのでした。

そして、この最中に発布されたのが、かの有名な大仏造立の詔《みことのり》です。賢明な方はここでもうお気づきかもしれませんが、度重なる遷都によってもたらされたのは、政治のさらなる混乱と財政のひっ迫でした。さらにお気づきでしょうが、そんな中での大仏造立は、ひっ迫した財政をさらに疲弊させ、疫病に苦しむ庶民をさらに苦しめる結果となったのです。

仏教の力で政治の混乱、そして疫病からの救済を目指した聖武天皇と光明皇后ですが、やればやるほど悪循環に陥っただけかもしれません……。

**残念格言**

苦しい時こそ、人は悪循環に陥りがち

いや〜　女なんてチョロいわー

# 在原《ありわらの》業平《なりひら》

825年～880年

## 足跡《そくせき》

八二五年、阿保《あぼ》親王の第五子。八四一年、右近衛将監《うこんえのしょうげん》に任ぜられ、以降様々な役職を経て、八七七年（八七五とも）、従四位上右近衛権中将《うこのえごんちゅうじょう》となる。和歌の名人で、小野小町《おののこまち》らとともに六歌仙《ろっかせん》の一人に数えられる。

平安時代前期の歌人、在原業平《ありわらのなりひら》。『古今和歌集《こきんわかしゅう》』にも採録された「ちはやぶる神代《かみよ》もきかず龍田川《たつたがわ》からくれなゐに水くくるとは」は、人気漫画の影響もあってか、代表作として近年知名度が急上昇しています。

さて、業平といえばもう一つ有名なのが、『伊勢物語《いせものがたり》』の主人公「昔男」のモデルではないか？　とされている点。

『伊勢物語』は「むかし、男……」から始まる歌物語ですが、その内容は現代人から見ると、まさにスキャンダラス！　主人公の「昔男」は、あちこちで女性を引っかけては恋愛がらみの事件を巻き起こす、とにかく節操がないクズなのです。ある時は、元服したての若造なのに、たまたま見かけた美人姉妹を二人ともゲットしようと奔走したり、ある時は二条后《にじょうのきさき》高子《たかいこ》がモデルとされる高貴な女性と駆け落ちしてみたり。ハリウッドの某セレブだって、ここまでひどくはありません。

もちろん『伊勢物語』はフィクションであり、すべてが業平の実体験ではありません。しかし、業平の実像については「体貌閑麗《たいぼうかんれい》、放縦不拘《ほうじゅうにしてかかわらず》（＝容姿は良いが自由奔放すぎ）」（『日本三代実録《にほんさんだいじつろく》』）と記述があるため、少なくとも「イケメンの女たらし」であったことは間違いなさそうだといえます。

**残念格言**

いつの時代も、女たらしは存在する

男ってバカよね～

# 小《お》野《のの》小《こ》町《まち》

820・830年代～没年不明

そろそろ入れてあげようかしら
今日で百日目なのに…
バタッ
オホホホホホ

小野小町《おののこまち》は六歌仙《ろっかせん》の一人に数えられる和歌の名手で、情熱的な恋の歌は特に有名です。さらに日本では、楊貴妃《ようきひ》・クレオパトラとともに「世界三大美人」の一人とされるほど絶世の美女として名高く、そのいい女っぷりを伝える伝説も数多く残っています。たとえば室町時代以降、能で盛んに演じられた「百夜通い《ももよがよい》」伝説。小野小町の美しさに心奪われ、熱心に求婚してくる深草少将《ふかくさのしょうしょう》に対し、小野小町は「百夜私の所へ通い続けられたら契《ちぎ》りを結びましょう」と約束をします。これは自分を諦めさせるためのでまかせなのですが、深草少将は素直に毎晩通い続けました。しかし残り一日というところで、少将はなんと凍死してしまうのです。お気の毒……。

このように、存在自体がもはや伝説レベルの小野小町ですが、実は、父や母が誰なのかはもちろん、どこで生まれ、どこで亡くなったのか、正確な出自は何一つ明らかになっていません。「小野小町の墓」とされる場所に至っては全国に十か所以上存在しているほど。こうなってくると、本当に美女だったのかも疑わしくなってしまいますが、もしかしたら、「よく分からない」というミステリアスな部分が「美女伝説」を生み出していったのかもしれませんね。

**足跡《そくせき》**

平安時代前期の女流歌人。六歌仙《ろっかせん》の一人。八二〇～八三〇年代に生まれたと考えられる。「思ひつつ寝ればや人の見えつらむ夢と知りせば覚めざらましを」など、恋にまつわる歌や説話が有名。

**残念格言**

「絶世の美女」は、想像力の産物かも

神になる前は怨霊《おんりょう》でした

# 菅原道真《すがわらのみちざね》

845年～903年

「学問の神様」として日本中の受験生たちから拝まれている菅原道真《すがわらのみちざね》ですが、元々は平安時代前期に政治家として活躍していた人物でした。一体なぜ、「神様」になったのでしょうか。

道真は八四五年、伝統ある学者の家に生まれました。幼少期より文才に優れ、周囲から一目置かれる存在。とにかく優秀な人物でしたから、周りは放っておきません。順調に出世を重ね、ついには宇多天皇《うだてんのう》から厚い信頼を得るまでになりました。政治家としても、唐《とう》の内政の混乱などを理由に遣唐使を延期、そのまま廃止にするなど、リーダーシップを発揮しています。

醍醐天皇《だいごてんのう》の治世となっても変わらず重用され、右大臣に任じられるなどエリート街道をばく進していた道真ですが、このまま順調に……とはいきませんでした。どんな時代にも人の出世をねたむ、出る杭は打たないと気がすまない輩《やから》が存在するからです。

例にもれず、道真の出世をねたむ者もたくさんいましたが、中でも危機感を募らせていたのは、藤原《ふじわら》氏でした。これまで朝廷の中心で権力を掌握《しょうあく》し続けていた藤原氏にとって、天皇から厚い信頼を寄せられ、異例のスピードで昇進していく道真は、いわば「必ず摘《つ》まねばならぬ芽」だったのです。九〇一年、「醍醐天皇

を廃位させようと企《たくら》んでいる」という藤原時平《ときひら》のデマで、道真は太宰権帥《だざいごんのそち》として九州・大宰府《だざいふ》に左遷。その二年後、失意のうちに病で亡くなってしまいました。

これだけでも十分気の毒なのですが、道真がさらに気の毒なのはここからです。

道真の死後、都で次々と異変が起こります。陥れた張本人である藤原時平をはじめ、この事件にかかわったとされる人物や醍醐天皇の息子、孫が、相次いで亡くなったのです。そのうえ、朝議《ちょうぎ》の最中、清涼殿《せいりょうでん》に突如ドカーンと雷が……!! 多数の死傷者が出たばかりか、醍醐天皇までが数か月後に崩御《ほうぎょ》してしまいました。単なる不幸な偶然でしょうが、当時の人々は、「道真公の祟りじゃああ!」と怯えました。道真公を祀《まつ》る北野《きたの》天満宮は、これを鎮《しず》めるために造られたものです。時代が進むにつれて怨霊というイメージは消え、学問の神様として信仰されるようになりますが、左遷で辛酸をなめた挙句に怨霊あつかいでは、亡くなった道真公もあの世でさぞかしうんざりしたことでしょう。

**足《そく》跡《せき》**

八四五年、菅原是善《すがわらのこれよし》の三男として生まれる。幼少期より学問に秀で、八六二年、十八歳で文章生《もんじょうしょう》に、八七七年には文章博士《もんじょうはかせ》となる。天皇からの厚い信頼のもと、蔵人頭《くろうどのとう》などの重職を歴任した後、右大臣となる。九〇一年、藤原時平《ふじわらのときひら》の讒言《ざんげん》によって大《だ》宰府《ざいふ》に左遷され、翌々年、病で没する。

**残念格言**

怨霊は、陥れた者の罪悪感が作り出す

# 紫式部《むらさきしきぶ》

清少納言？ アイツなんて目じゃないわよッ!!

970年代〜1010年代

今や世界中で翻訳され、日本人なら知らぬ者はいない『源氏物語《げんじものがたり》』。作者である紫式部《むらさきしきぶ》も、平安時代中期の女流作家として、清少納言《せいしょうなごん》と並び称される人物です。

清少納言は有名歌人・清原元輔《きよはらのもとすけ》の娘として生まれましたが、紫式部もまた、優れた歌人を多く輩出した家柄に生まれました。幼少期よりインテリ教育を仕込まれ、漢籍や歌、箏《そう》の演奏に至るまで存分に才能を発揮した彼女。父も思わず、「お前が男だったらなぁ……」と嘆くほどだったといわれています。

年頃になって結婚した相手は藤原宣孝《ふじわらののぶたか》という人物でした。彼はなんと、紫式部より二十歳以上も年上!! 結婚したとき、すでに前妻との間に多くの子どもがいたといわれています。なかなかハードな年の差婚でしたが、結局、高齢な夫は結婚後わずか二、三年で他界。彼女は若くして、未亡人となってしまったのです。

夫に先立たれた年若いインテリ女子が、そのまま放っておかれるはずはありません。彼女はほどなくして、時の権力者・藤原道長《みちなが》の目にとまり、一条天皇《いちじょうてんのう》の中宮・彰子《しょうし》の教育係(女房)にスカウトされたのです。彰子は道長の娘で、十二歳の頃、一条天皇の元へ入内《じゅだい》しました。当時、天皇の寵愛《ちょうあい》を一身に受けていたのは、清少納言が仕える中宮・定子《ていし》。定子と彰子はライバル

としてギンギンに火花を散らせていたわけです。

紫式部が彰子に仕え始めた頃、すでに定子は亡くなっており、清少納言も宮中を去っていたと考えられています。二人は同時期に宮仕えをしていたわけではありませんでしたが、後から来た紫式部の耳には、『枕草子《まくらのそうし》』の評判と清少納言の才媛《さいえん》ぶりを称える噂《うわさ》が、嫌というほど入ってきたことでしょう。そんな背景もあってか、とにかく紫式部は清少納言が大嫌いだったようです。

彼女が残した『紫式部日記』には、「清少納言は得意顔で偉そう」、「利口ぶって漢字を書いていたが、間違いが多い」、あげくの果てには「こういう人がよい最期《さいご》を迎えられるはずがない」など、辛口批評……とは言いがたい単なる悪口が、さんざんに書かれています。同じ女房でも、和泉式部《いずみしきぶ》や赤染衛門《あかぞめえもん》にはまぁまぁよい評価を下していますから、才能ある女房が嫌いだったのではなく、どうやら清少納言自体がいけすかなかったようですね。

**足《そく》跡《せき》**

藤原為時《ふじわらのためとき》の娘として九七〇年代に生まれる。幼少期より漢籍に親しむなど、才女として育てられる。九九九年頃、藤原宣孝《ふじわらののぶたか》と結婚するが、すぐに夫が死去。この頃から『源氏物語《げんじものがたり》』を書き始める。その後は一条天皇《いちじょうてんのう》の中宮・彰子《しょうし》のもとへ出仕しながら執筆を続け、一〇一〇年代に死去。

**残念格言**

いつの時代も、女どうしは難しい

結婚してても恋はしたいの♡

# 和泉式部《いずみしきぶ》

970年代〜没年不詳

**足跡《そくせき》**

大江雅致《おおえのまさむね》の娘として生まれる。橘道貞《たちばなのみちさだ》と結婚し小式部内侍《こしきぶのないし》を生むが、和泉式部の度重なる恋愛沙汰により夫婦関係は破たん。一〇〇九年、中宮・彰子《しょうし》に仕えたのち、藤原保昌《ふじわらのやすまさ》と再婚。没年は不詳。

ゴシップねたを提供してくれる「恋多き女」はいつの時代にも存在しますが、平安時代のゴシップねたの供給源といえば……真っ先に挙げられるのが和泉式部《いずみしきぶ》です。

大江雅致《おおえのまさむね》の娘として生まれた彼女は、九九九年までに和泉《いずみの》守《かみ》・橘道貞《たちばなのみちさだ》と結婚したことが分かっています。一人娘をもうけたものの夫婦関係はうまくいかなかったようで、すぐに冷泉天皇《れいぜいてんのう》の第三子・為尊《ためたか》親王と不倫関係に……。当時は和歌の上手さがモテる条件の一つでしたが、和泉式部は巧みな和歌のテクニックで男心を惹きつける、魔性《ましょう》の女だったのです。

為尊親王との身分違いの恋はすぐに知られる所となり、父からは勘当、夫との仲は破たん状態(そりゃそうだ)。そんな全てをかけた恋だったのに、為尊親王は病により急死してしまいます。「人生詰んだ……」と普通なら思うところですが、彼女はここから逆にパワーアップ! なんと、亡き為尊親王の弟、敦道《あつみち》親王と恋仲になってしまったのです。この時、敦道親王には正妻がいたのですが、こともあろうに、愛人である和泉式部が正妻を追い出す形で、二人の愛は成就してしまったのでした。この顛末《てんまつ》には、世間も大騒ぎだったとか。今も昔も、恋愛沙汰は上質なゴシップなのです。

**残念格言**

モテ女のゴシップは、いつでも世間の大好物

# 戦慄スクープ!

## あの藤原伊周《これちか》氏が叔父、道長氏と壮絶内輪もめの末ついに失脚!?

**――我々貴族の頂点に君臨し続ける名門中の名門・藤原《ふじわら》家。その家長に君臨するはずだった伊周《これちか》氏に、前代未聞のスキャンダルが勃発したという情報が。真相やいかに!?**

藤原一族の始まりは、天智天《てんちてん》皇《のう》と共に蘇我《そが》氏をほろぼし、大化の改新を推し進めた中臣鎌足《なかとみのかまたり》にさかのぼります。鎌足が亡くなる直前、天智天皇が彼の功績をたたえて贈った姓《かばね》……これこそが「藤原」氏でした。奈良時代には、藤原四子がそれぞれ南家・北家・式家・京家の四家を興し、当代(平安時代)は、このうちの北家が摂関政治によって権力を掌握する時代が続いています(ちなみに、デマ情報によって無実の菅原道真《すがわらのみちざね》氏を陥れた藤原時平《ときひら》氏は、北家の人間です)。

良くも悪くも朝廷の中心で権力を握り続ける藤原北家ですが、前関白・摂政として一族のトップに君臨していた藤原道隆《みちたか》氏が亡くなって以降、この名門一族には驚きのゴシップが次々と報じられました。道隆氏は息子の伊周氏を溺愛し、「自分が死んだら伊周に跡を継がせる!」と宣言していましたが、亡くなった直後、関白に指名されたのは、道隆氏の弟・道兼《みちかね》氏。ところがこの道兼氏は、ご存知のとおり就任後わずか数日で亡くなってしまったのです。

いよいよ自分が関白に……と期待に胸ふくらませた伊周氏でしたが、ここでまさかの混戦模様。なんと、道隆・道兼、両氏の弟(伊周氏の叔父)道長《みちなが》氏が、一族トップの座に名乗りをあげたのです。

これまで目立たない存在だった道長氏ですが、実はかなりのやり手でした。自身の姉であり、一条天皇《いちじょうてんのう》の母でもある詮子《せんし》さんを味方に引き入れるという大胆な作戦に打って出たのです。母からの猛烈プッシュに負けた一条天皇は、ついに道長氏の関白就任を決定。しかし「我こそは次期関白」と信じていた伊周氏は、この決定に腹の虫がおさまりません。先日ついに、道長・伊周両氏が大声で言い争うという事件が起こった他、両氏の従者たちが都で乱闘騒ぎを起こしたという目撃情報まで!

そしてさらに、伊周氏に関する重大スクープが飛びこんできました。花山法皇《かざんほうおう》が自分の恋人を横取りする気だと勘違いした伊周氏は、弟・隆家《たかいえ》氏と共謀の上、花山法皇一行を襲撃! 法皇の袖を弓で射貫くという信じられない事件を起こしていたのです。道長氏との出世争いに負けただけでなく、恋愛沙汰で法皇を襲うという暴挙にまで出た伊周氏。失脚はもはや待ったなしの状態か……!?

※週刊貴族ニュースはフィクションですが、中身は史実です。

あの兄弟、殺しとけばよかった（涙）

## 平清盛《たいらのきよもり》

1118年～1181年

「平家にあらずんば人にあらず」という名言まで登場するなど、平安時代末期に隆盛をきわめた平家一門。その一門を力強いリーダーシップで率い、導いたのが平清盛《たいらのきよもり》です。政治の実権をがっちり握っていたのに、清盛の死後すぐに平家が滅亡してしまったのは、一体なぜなのでしょうか？

清盛は伊勢国《いせのくに》（今の三重県）で勢力をふるっていた平忠盛《ただもり》の長男として生まれました。父の死後は平家の棟《とう》梁《りょう》となり、一一五六年の保元《ほうげん》の乱では後白河天皇《ごしらかわてんのう》側についてみごと勝利をおさめます。

清盛の最初のやらかしは、その三年後。勢力を伸ばしつつあった清盛の打倒を狙い、源義朝《みなもとのよしとも》らが起こした平治《へいじ》の乱です（源義朝は、源頼朝《よりとも》・義経《よしつね》兄弟のお父さん）。結局、清盛はこの戦いにも勝利し、首謀者である義朝は容赦なく処刑！　しかし、まだ幼かった彼の子供たちにはついつい同情してしまったのでしょうか……。清盛自身の義理の母・池禅尼《いけのぜんに》の懸命な命乞いも手伝い、清盛は頼朝・義経兄弟を殺すことなく、伊《い》豆《ず》への流罪《るざい》&仏門入りで済ませてしまったのです。これはやっちまいました。なぜならこの兄弟は、のちに壇ノ浦《だんのうら》の戦いで平家を滅亡させた張本人だから！

こうして、天敵をうかつにも野に放ってしまった

清盛ですが、その後はよりいっそう権力を拡大させ、一一六七年には武家出身として初めて太政大臣《だいじょうだいじん》の位をゲット。一族の者を次々と要職につけ、しまいには自身の孫である三歳の皇子を安徳天皇《あんとくてんのう》として即位させるなど、まさにやりたい放題でした。

一方で、これに不満を募らせたのが、後白河院《ごしらかわいん》をはじめとする勢力です。院はあれやこれやと平家打倒を画策、挑発しますが、これには清盛も黙ってはいません。ついにクーデターを決行し、後白河院を幽閉。反平家勢力を政界から追い出してしまいました。

うるさい相手を黙らせ、すべてうまくいったかのように見えたものの……実はこれが、清盛最大のミスでした。表面上は駆逐された反平家勢力ですが、この強引で恐れしらずなクーデターにより、水面下でさらなる反平家勢力が生み出されてしまったからです。

後白河院の息子・以仁王《もちひとおう》の号令と挙兵を皮切りに、源頼朝、木曾義仲《きそよしなか》らが相次いで兵をおこし、平家は清盛の死後わずか四年で滅亡してしまったのでした。

**足跡《そくせき》**

一一一八年、平忠盛《たいらのただもり》の子として生まれる。父の死後、一一五三年、平氏の棟梁《とうりょう》となり、保元《ほうげん》の乱、平治《へいじ》の乱で躍進。一一六七年、太政大臣《だいじょうだいじん》となる。一一七二年には娘・徳子《とくこ》を高倉《たかくら》天皇《てんのう》の中宮とし、平家一門の全盛期を築く。反平家勢力の挙兵が相次ぐ中、一一八一年、六十四歳で病死。

**残念格言**

大事な選択を誤ると、全てが台無しになる

# 源《みなもとの》頼《より》朝《とも》

うちの嫁さまー、恐いんだよね。怒るとマジ般若。

1147年～1199年

ぼくなんてぼくなんて
お情けで生きているだけ…
ガラッ
あんたがそんなだから平家がはびこるのよっ
まさこ…
ありがとうまさこ オレ目がさめたわ
メラ
メラ
メラ
オレ 平家討つっす!!
そういうのめんどいから はよ行って!!
金出すよ

征夷大将軍《せいいたいしょうぐん》として鎌倉《かまくら》幕府を創始した源 頼朝《みなもとのよりとも》。その偉業については、改めて書くまでもありません。「THE・偉人」として歴史にその名を刻む頼朝ですが、実は「THE・恐妻家」としての一面も持っていました。

頼朝と妻・政子《まさこ》との出会いは、頼朝が伊豆《いず》に流刑《るけい》されていた時代にさかのぼります。政子は、流刑地だった伊豆の豪族・北条時政《ほうじょうときまさ》の長女だったのです。当時は、平氏が権力を牛耳っていた時代。平清盛《たいらのきよもり》の政敵である頼朝と政子の恋愛関係を知った父・時政は激怒しますが、政子はひるみません。半ば駆け落ちのように頼朝の元へと走った娘に、父もようやくギブアップ。その後、時政は二人の婚姻を許してくれたばかりか、頼朝の支援者として金銭的にもバックアップしてくれるのでした。

貴種とはいえ、しがない流罪人であった頼朝が打倒平氏の兵を挙げられたのは、政子と時政のおかげ。政子に頭が上がらなくなったのもうなずけます。

しかし、頼朝も男です。伊豆に流されていた時から仕えていた亀《かめ》の前《まえ》という女性に、ついに手を出してしまうのです。しかも、政子が妊娠中に……!! 現代なら大炎上待ったなしのゲスなことをやってのけた頼朝ですが、鬼嫁政子にバレたのが運の尽き。なんと政子

は、父の後妻の親族、牧宗親《まきむねちか》に命じて、亀の前が身を寄せていた伏見広綱《ふしみひろつな》の家をボッコボコに破壊させたのです。何というエキセントリックな報復……！　亀の前も、まさか頼朝と情を通じた結果、家を壊されることになるとは思ってもみなかったことでしょう。

　当時は一夫多妻が普通であり、政子が妊娠中だったとはいえ、別の女性に恋した頼朝にそれほどの罪はないはずですが、鬼嫁政子は決して許さなかったわけです。一方で、懲《こ》りない頼朝は、その後もちょくちょく別の女性にちょっかいを出したことが分かっています。しかし、政子にバレたら最後の、命がけの浮気だったことは間違いないでしょう。

　そんな昼ドラのような夫婦関係だった頼朝と政子ですが、なんだかんだ言ってもその絆《きずな》は深く、頼朝は生涯、(恐い)政子を正妻として(怯《おび》えながら)大切にしましたし、政子は頼朝亡きあと、尼将軍として(息子たちはさておき)鎌倉幕府をガッチリと守り続けたのでした。

**足跡《そくせき》**

源　義朝《みなもとのよしとも》の三男。末弟に源義経《よしつね》。平治《へいじ》の乱で平清盛《たいらのきよもり》に敗れた後、伊豆《いず》に流刑《るけい》となる。一一八〇年、以仁王《もちひとおう》に続いて伊豆で兵を挙げ、一一八五年、壇ノ浦《だんのうら》の戦いで平家を滅亡させる。一一九二年、征夷大将軍《せいいたいしょうぐん》となり、鎌倉《かまくら》幕府を開く。一一九九年、死去。落馬が原因ともいわれる。

**残念格言**

家族も夫婦も、喧嘩するほど仲がいい

公家の皆さんに嫌われちゃいまして…

# 源《みなもとの》(木《き》曽《そ》)義《よし》仲《なか》

1154年～1184年

どろぼーっ
馬かえせー!
正義の味方のすることかーっ
なら奪うまでよっ
だってしょうがないじゃん
平家追い出すのに超がんばったのに
ほうびも出さないとか

**足《そく》跡《せき》**

一一五四年、源義賢《みなもとのよしたか》の次男として誕生。父を亡くして以降は、木曽《きそ》山中で育つ。一一八〇年、木曽で挙兵。一一八三年上洛《じょうらく》を果たし、翌年征夷大将軍《せいいたいしょうぐん》となり、旭将《あさひしょう》軍《ぐん》と称す。源義経《よしつね》の軍勢に敗れ、琵琶湖畔《びわこはん》の粟津《あわづ》で死去。

源義仲《みなもとのよしなか》と源頼朝《よりとも》・義経《よしつね》兄弟は、互いの父親が兄弟なので、いとこ同士ということになります。一方で、義仲の父・義賢《よしかた》は頼朝たちの兄・義平《よしひら》に襲われ、討ち死に。義仲自身も、のちに頼朝・義経兄弟に討ち取られてしまいますから、殺し、殺されの因果な親戚関係だと言わざるを得ません。

幼くして父を亡くした義仲は、乳母《めのと》の夫・中原兼遠《なかはらかねとお》に信濃《しなの》国(現在の長野県)木曽谷《きそだに》で育てられたといわれています。因縁の相手・頼朝が伊豆で打倒平家の兵を挙げると、その約一か月後、義仲も中原兄弟、巴御前《ともえごぜん》らと木曽で挙兵。瞬く間に勢力を拡大させ、挙兵からわずか三年で平家を都から追い出し、上洛《じょうらく》を果たしました。何という驚異的なスピード! 義仲がどれほど強い武将だったかが分かります。

しかし、勢いはここまででした。最初のうちこそ、平家を追い出した彼らを歓迎していた公家《くげ》たちですが、なにせ義仲たちは山育ち。公家社会のマナーを知りません。物資がなかった義仲軍も開き直って略奪行為を行うなど、どうにもお下品でした。公家からの評価もダダ下がり……。焦《あせ》った義仲はクーデターを起こし、力技で征夷大将軍《せいいたいしょうぐん》となりますが、頼朝が送り込んだ義経たちの軍勢に敗れてしまったのでした。

**残念格言**

力が強いだけでは、覇者にはなれない

時政ってオレらのじいさんだけど元凶だよな

# 源《みなもとの》頼《より》家《いえ》・源実《さね》朝《とも》

1182年～1204年・1192年～1219年

足《そく》跡《せき》

頼家《よりいえ》は源《みなもとの》 頼朝《よりとも》と北条政子《ほうじょうまさこ》の長男、実朝《さねとも》は次男として生まれる。一二〇二年、兄の頼家が鎌倉《かまくら》幕府第二代将軍に就任。北条《ほうじょう》家と衝突し、倒された後、一二〇四年弟の実朝が第三代将軍に就任する。

偉大な父（源《みなもとのよりとも》 頼朝）と恐い母（北条政子《ほうじょうまさこ》）の長男として生まれた源頼家《よりいえ》は、武芸に秀でた優秀な人物でした。しかし、頼朝亡きあと十七歳で将軍になったのが不運の始まり。若さゆえの過《あや》ちと言うべきか、政子＆時政《ときまさ》率いる北条家が幕府の実権を握っていることに、不満を爆発させてしまうのです。梶《かじ》原景時《わらかげとき》や、自分の乳母《めのと》一族である比企能因《ひきのういん》たちを味方につけ、北条家を退けようとがんばりますが、そこは酸いも甘いも噛み分けた北条家が一枚上手でした。勝負は北条側の勝利で幕を閉じ、負けた頼家は鬼母政子に見放されて、幽閉……。しかも、時政の暗躍により入浴中(!!)暗殺されてしまいました。何ともかわいそうな全裸の最期《さいご》です……。

頼家を退けた北条家が続いて征夷大将軍《せいいたいしょうぐん》に担ぎ上げたのが、頼家の弟、実朝《さねとも》。彼は北条家に逆らう気などさらさらなく、京風の雅《みやび》な生活や和歌の創作だけに一生懸命だったようです。将軍とは名ばかりで、政治のゴタゴタからはフェイドアウトしていたはずの実朝ですが、最期はなんと、頼家の子・公暁《くぎょう》に暗殺されてしまうのです。真逆の道を進んだはずなのに、似たような結末を迎えてしまった兄弟。これも運命のいたずらでしょうか……。

**残念格言**

偉大な親をもつ「2世」は辛いよ

脱出の技ならオレに聞け！

# 後醍醐《ごだいご》天皇

1288年～1339年

「世の中を変えたい」と本気で考えた時、その先にあるのは波乱万丈の日々に他なりません。後醍醐天皇《ごだいごてんのう》は、まさにそんな人生を歩んだ人物です。

後宇多天皇《ごうだてんのう》の第二皇子として生まれた後醍醐天皇は、三十一歳という若さで即位しました。彼はこの頃から「鎌倉《かまくら》幕府を倒す！ 絶対倒す！」という大きなな夢を抱き、側近らと共に秘密の討幕計画を進めていました。ところが、この計画はあっさり露見し、側近たちは多数逮捕されてしまいます(正中《しょうちゅう》の変)。へこたれない後醍醐天皇は再び討幕計画を進めるものの、またしても密告により露見。身の危険を感じた彼はやむなく都を脱出し笠置山《かさぎやま》に立てこもりますが、足利尊氏《あしかがたかうじ》率いる幕府軍に包囲され、あえなく捕らえられてしまいました(元弘《げんこう》の変)。

立派な謀反人となった後醍醐天皇。廃位させられただけでなく、なんと隠岐島《おきのしま》に流されてしまったのです。

しかし、流罪人となっても討幕の夢は諦めきれません。後醍醐天皇は、隠岐島からもみごと脱出を果たし、再び兵を挙げました。何というバイタリティー！ しかもここで、これまでにない幸運が訪れます。自分を討つために幕府から派遣されたはずの足利尊氏が、突然「反幕府」ののろしを上げたのです。これが契機と

## 足《そく》跡《せき》

一二八八年、後宇多《ごうだ》天皇の第二皇子として誕生。一三一八年即位。討幕を企てたものの、正中《しゅうちゅう》の変・元弘《げんこう》の乱で敗れ、隠岐《おきの》島《しま》へ流される。一三三三年脱出し、鎌倉《かまくら》幕府が滅びたのち新政権を樹立。一三三五年足利尊氏《あしかがたかうじ》の謀反により幽閉されるが、翌年、吉野《よしの》に逃れて南朝を開く。一三三九年死去。

なり、鎌倉幕府はついに滅びてしまいました。

意気揚々と都へ戻った後醍醐天皇は、夢の新しい政治を開始しました（建武《けんむ》の新政）。ところがこの新政が、貴族からも武士からも大不評！　ブーイングの嵐！　旧幕府討幕に貢献した足利尊氏も不満をあらわにし、旧幕府の残党を倒す名目で出向いた関東で、今度は後醍醐天皇に反旗を翻すのです。

またまたやってきた大ピンチ……。新田義貞《にったよしさだ》や楠木正成《くすのきまさしげ》ら優秀な臣下の働きにより一度は尊氏軍を退けますが、体制を立て直した尊氏軍は再び侵攻。後醍醐天皇は都から脱出したものの抵抗しきれず、幽閉されてしまいました。尊氏は光明天皇《こうみょうてんのう》を擁立します（北朝）。

しかし、ここで終わらないのが後醍醐天皇。幽閉先からまたもや大脱出。もうここまでくると脱出芸の域です。こうして脱出先の吉野で独自の朝廷（南朝）を開き、時代は南北朝時代へと移っていったのでした。

後醍醐天皇が生涯何度脱出したのか、数えてみてください。

**残念格言**

**ピンチの時は、脱出してみるのも一つの手**

# 足利《あしかが》義《よし》満《みつ》

「満足」って何？　おいしいの？

1358年～1408年

「足るを知る者は富む（＝満足することを知っている者は心豊かである）」とは中国の老子《ろうし》の格言ですが、もしかしたら足利義満《あしかがよしみつ》の辞書には、この言葉がなかったのかもしれません。

義満は足利尊氏《たかうじ》の孫であり、室町《むろまち》幕府の第三代将軍です。征夷大将軍《せいいたいしょうぐん》に任じられたのは一三六八年。わずか十一歳の時でした。今でいえばランドセルを背負っているかわいいお年頃で、早くも武家の最高地位に君臨したわけです。しかし、こんなところで満足する義満ではありませんでした。

一三七八年、室町に「花の御所」と呼ばれる大豪邸を造営すると、将軍である自らの権力をさらに絶対化するため、土岐康行《ときやすゆき》や山内氏清《やまうちうじきよ》など、全国の有力守護大名たちを次々と滅ぼしていきました。

さらに義満は、武家の最高地位にありながら、天皇率いる公家（＝貴族）社会においても出世を目指しました。政治の実権を握っていたのはもちろん幕府の将軍（＝自分）でしたが、なんだかんだ言っても国のトップは天皇であり、形式上、征夷大将軍も天皇に任じられた部下にすぎないからです。とにかく満足できない男・義満は、形式的な立場すら我慢できなかったのかもしれません。

足《そく》跡《せき》

一三五八年、室町《むろまち》幕府第二代将軍・足利義詮《あしかがよしあきら》の子として生まれる。一三六八年第三代将軍となり、有力守護大名の弾圧や南北朝の統一により権力の強化を図る。一三九四年、太政大臣《だいじょうだいじん》となり朝廷内の権力も手中におさめ、明《みん》との貿易においては巨額の富を得る。一四〇八年、五十一歳で死去。

ともあれ、天皇家に縁《ゆかり》のある日野《ひの》家から業子《なりこ》を正室に迎え、後円融《ごえんゆう》天皇と親密な関係を築くなど、公家社会へもじわじわ、ぐいぐい進出していった義満。内大臣、左大臣、准三后《じゅさんごう》と出世し、一三九四年にはついに太政大臣の位をゲット。武家が太政大臣になったのは平清盛《たいらのきよもり》以来で、実に二百年以上ぶりのことでした。

もうお腹いっぱい、と普通の人なら思うところですが、義満はまだまだ満足しません。次に狙ったのは、若い頃よりあこがれていた中国(明《みん》)との貿易再開を実現させることでした。巨額の利益を生み出すのはもちろん、外交権を得ることは、明の皇帝から「足利義満こそが日本の主権者である」と認められることになるからです。この貪欲さ、もはや神レベル!

明との貿易によって生み出された莫大な富、そして北山第《きたやまてい》(のちの鹿苑寺《ろくおんじ》金閣)を中心に花開いた北山文化によって、室町時代はいよいよ最盛期を迎えるわけですが、義満自身はその生涯で、ついに「満足」を知らないままだったかもしれません。

**残念格言**

「幸せ」とは、現状に満足すること

オレって神に選ばれたんじゃね?

# 足利《あしかが》義教《よしのり》

1394年〜1441年

足跡《そくせき》

一三九四年、三代将軍義満《よしみつ》の五男として生まれる。一四〇三年仏門に入り、一四〇八年に出家、義円《ぎえん》と称したが、幕府重臣たちのくじ引きで将軍に選ばれる。大名らを容赦なく処分したことで反発を招き、暗殺される。

室町《むろまち》幕府は、第三代将軍・義満《よしみつ》の死後しばらく不穏な時期が続きました。次期将軍が未定のまま、第五代、第四代将軍が相次いで亡くなったからです。第六代将軍をどう決めたらよいのか？　悩んだ群臣たちが思いついたのは、何と「くじ引き」！　斬新です……！　こうして小学校の席替えのようなやり方で第六代将軍に選ばれたのが、義満の五男・足利義《よし》教《のり》でした。彼は幼少期に出家した僧侶だったため、慌てて還《げん》俗《ぞく》し、将軍の地位についたのでした。くじ引きもさることながら、「元僧侶」という肩書も、もちろん異例中の異例です。

義教は元僧侶でしたが、人柄は決して温厚ではなく、むしろ激しい気性で臣下たちを震えあがらせていたようです。特に有名なのは、延暦寺《えんりゃくじ》との争い。自分を呪い殺そうとしている、というとんでもない理由で延暦寺に攻め込んだ上、和睦の協議に訪れた僧侶の首をはねてしまったのです。結果として、これに抗議した僧侶二十四名が焼身自殺しています。

このように「従わぬ者は容赦なく討つ！」という態度で恐怖政治を敷いた義教。この態度が仇となり、最期《さいご》は赤松満祐《あかまつみつすけ》という守護大名に暗殺されてしまいました。結果がこれですから、義教にくじ運があったのかは微妙なところです……。

**残念格言**

恐怖による締め付けはヘイトをためるだけ

これがわたしのありのまま♡

# 一休宗純《いっきゅうそうじゅん》

1394年～1481年

足跡《そくせき》

一三九四年、京に生まれる。後小松天皇《ごこまつてんのう》の落胤《らくいん》とも言われる。謙翁宗為《けんおうそうい》、華叟宗曇《かそうそうどん》に学び、大徳寺《だいとくじ》の住持となる。世俗化、形式化した禅の世界に反抗し、自由奔放に生きたとされる。

愛くるしい坊主頭に鋭いとんちの「一休さん」は、もちろん後世の創作。モデルの一休宗純《いっきゅうそうじゅん》は愛くるしさとは無縁の生《なま》臭坊主《ぐさぼうず》であり、その人生はまさに波乱万丈でした。

一休は、後小松天皇《ごこまつてんのう》の子だともいわれています。六歳で出家してからは、とんちで事件を解決していたかはさておき修行の日々が始まりました。十七歳の時、さっそく謙翁宗為《けんおうそうい》という僧に出会います。ビビッときた一休さん、謙翁宗為のもとで修行に励むのですが、残念なことに数年後、お師匠様は他界してしまいました。ショックを受けた彼は、なんと川に身を投げ、後を追おうとするのです。一命は取りとめたものの、やることがどうにも衝動的すぎる人ですね……。

その後、カラスの鳴き声によって「ありのままに生きる」というレリゴーな悟りを開いた一休さん。何かが吹っ切れたのか、僧にあるまじき自由奔放な生き方をスタートさせます。頭は剃らず、お肉もガンガン食べまくり、酒も女もどんとこい！　正月のめでたい空気の中、ドクロを竹に刺して練り歩くなどの奇行でも世間を騒がせました。これらはすべて「世俗化した禅への皮肉」であると言われていますが……何はともあれ、「変な人」だったのは確実だと思われます。

**残念格言**

守るな！　吹っ切れろ！

インドじゃないってマジですか……

# クリストファー・コロンブス

1451年頃～1506年

一般的に、新大陸（アメリカ大陸）を見つけた最初のヨーロッパ人とされるコロンブス。しかし本人には、そんな偉業を果たしつもりなどこれっぽっちもありませんでした。

コロンブスはイタリアのジェノヴァで生まれたと言われています。幼少期について詳しいことは分かっていませんが、十代の頃より仕事で何度も航海へ出ていました。やがて、天文学や地理に関する本から知識を蓄えた彼は、マルコ・ポーロの『東方見聞録《とうほうけんぶんろく》』にある「黄金の国ジパング」へ憧れを抱くようになります。そして、「大西洋を西へ進めばインドの方（＝東洋）に行けるんじゃね？」と考えるようになったのです。今でこそ、地球が丸いことは誰もが知る事実ですが、当時はまだ「平面に決まってるでしょ！」と信じる人も少なくなかった時代。さらに、航海には莫大な資金が必要だったため、コロンブスがこの「西へ進んで東洋へ行く計画」を実行するまでには、長い準備期間が必要でした。

約十年の年月を経た一四九二年。コロンブスは、スペイン女王・イサベル一世の援助を得て、ようやく航海に出発することになりました。三隻の船を従え、自らの計画どおりひたすら西へと進みます。そして二ヶ

**足跡《そくせき》**

一四五一年ごろ、イタリアに生まれる。一四九二年八月スペイン女王・イサベル一世の援助を得て、インドを目指し大西洋を出発。同年十月、サンサルバドル（現在のバハマ諸島）へ到着。以降、三回の探検航海によって中南米の沿岸に到達。しかしそこが新大陸だと気づかないまま、一五〇六年、死去。

月ほどの航海でバハマ諸島の一島に上陸を果たしたのです。しかし、そもそも東洋に行く気まんまんだったコロンブス。ヨーロッパと東洋の間に巨大な大陸があるなどとは夢にも思わなかったのでしょう。彼はこの時、「インドに着いた〜！」と思い込んでしまったのです。

いったん帰国し、二度目の航海に出たコロンブスは、『東方見聞録』で読んだ憧れの金鉱を探したり、先住民を迫害してスペイン人の植民地をつくったり、現在のベネズエラにまで上陸してみたりと、かなりひどいことをあっちこっちでやっておきながら、最後までここをインドと思い込んだままでした。

しかも三回目の航海では、入植者たちの反乱によって逮捕され、本国に強制送還のうえ全ての地位を剥奪《はくだつ》されてしまったのです。なんとか四回目の航海に出たものの、最後の最後で暴風雨にあい、難破《なんぱ》してしまうという不運。全てから見放された彼は、失意の中、ひっそりとこの世を去りました。せめて「インドじゃなかった」ことに気づければよかったのですが……。

**残念格言**

思い込みが強すぎるとろくなことがない

# レオナルド・ダ・ヴィンチ

いろいろ興味が尽きません！（なので納期は守れません！）

1452年〜1519年

一日に一時間半しか眠らない、少年を姦淫《かんいん》した罪で逮捕歴がある……などなど、（変態的）逸話は枚挙にいとまがないレオナルド・ダ・ヴィンチ。彼は変態だっただけでなく、ルネッサンス期を代表する「万能の人」でもありました。

『モナリザ』をはじめとする名画のイメージが強いレオナルドですが、才能を発揮した分野は、絵画だけではありません。彼は生涯にわたって、自らの観察や考察、理論をまとめた膨大な数の手稿（＝メモ書きや下絵）を書き続けました。その分野は、建築学、数学、物理学、解剖学、軍事学、生物学、天文学、光学など多岐にわたります。レオナルド・ダ・ヴィンチは、いかにして「万能の（変）人」となったのでしょうか？

そのきっかけは、彼の「探求心」にあったと言えるでしょう。絵画を深く極めていったレオナルドは、極めれば極めるほどより精密な人体のデッサンが必要だと気づき、それには人体の仕組みそのものを研究すべきだと考えました。そこで彼がとったのは、十体あまりの死体を解剖し、血管から一本も出血させることなく丁寧に肉をそぎ落とし、観察という方法。……やってることがもう、尋常じゃありません。

このように、物事を深く観察し、探求していく姿勢

足《そく》跡《せき》

一四五二年、トスカーナのヴィンチという村に生まれる。十四歳の頃、画家ヴェロッキオの工房に弟子入りし、一四八二年、ミラノへ移る。ミラノの宮廷では、画家や建築家、兵器開発など多彩な分野で活躍。一五一六年はフランスへ移り、余生を過ごした。一五一九年、死去。

がほとんどマッド・サイエンティストなみだったレオナルド。鳥を描くにあたっては鳥自体を研究し、さらには力学運動にまで考察を発展させ、ついには人間が飛ぶことを本気で考えてヘリコプターの原案まで書き上げる……。そんな調子で、彼は研究分野をどんどん広げていったのでした。

しかし、類まれなる探求心と完璧主義が良い方向にばかり働いたわけではありません。新たな実験や、新たな技法に興味が移ろいやすいせいで、彼は一つの作品をなかなか完成させることができなかったのです。

レオナルドの代名詞とも言うべき絵画ですが、実は、現存している完成品はたった十五点ほどしかありません。完成品に至るまでのスケッチ類は約五百枚、手稿は約五千ページも見つかっていますから、一つの作品になるまで、いかに寄り道ばかりしていたかが分かります。受注しておきながら未完成のままぽいっと放り出してしまった作品も、かなりの数あっただろうと推測されています。

**残念格言**

天才ほど、致命的な欠点を持っている

息子に殺《や》られちゃいました

# 斎《さい》藤《とう》道《どう》三《さん》

1494か1504年～1556年

もう油屋じゃねえっ!!
ギュムー
ヒエ～ッ
息子と土岐家の家臣の皆さま

足《そく》跡《せき》

幼くして僧侶となり、その後油売りの仕事を経て美濃《みの》国主・土岐《とき》家の家臣、長井《ながい》家に仕えたとされる。
一五四二年、土岐頼芸《よりなり》から美濃国をうばい、国主となる。
一五五六年、息子・義竜《よしたつ》に謀反を起こされ敗死。

身分に関係なく、力ある者がのし上がった戦国時代。いわゆる「下剋上《げこくじょう》」を果たした武将としてまず名前が上がるのが、斎藤道三《さいとうどうさん》（通称・美濃《みの》のマムシ）です。

道三は貧しい北面《ほくめん》武士の子として生まれ、僧侶から油売りの商人を経て武士となり、ついには国主にまで上りつめた人物。最近では僧侶→油売り→武士までの過程は道三自身ではなく、道三の父が歩んだ道であったという説が有力なようですが、いずれにせよ、道三が下剋上を成し遂げた人物であることに変わりありません。その方法は、美濃国の守護大名・土岐《とき》家の内紛に便乗して自分の主《あるじ》（長井長弘《ながいながひろ》）を謀殺したり、土岐家当主・頼芸《よりなり》の弟を毒殺したり、今度は頼芸とその息子を尾張《おわり》国へ追放したりと、一言でいえば、かなりえげつないものでした。あだ名が「マムシ」なのもうなずけます。

こんなふうに強引にのし上がった道三を、旧土岐家の家臣が歓迎するはずもありません。道三は息子の義竜《よしたつ》と折り合いが悪く、家督《かとく》を譲られた義竜はすぐさま道三に反旗を翻すのですが、旧土岐家の家臣たちは、ほとんどが義竜側についたとか。結局道三は、自分の息子にえげつなく殺されるという自業自得な最期《さいご》をむかえたのでした。

**残念格言**

自分の行いは、必ず自分に返ってくる

茶釜渡すくらいなら爆死したる!

## 松《まつ》永《なが》久《ひさ》秀《ひで》

1510年〜1577年

国宝級
テレレッテレ〜ン
古天明平蜘蛛茶釜〜!!
信長にやるくらいならこれに爆薬つめて死んでやる!!
チュドーーン!!

### 足《そく》跡《せき》

一五一〇年、生まれ。三好長慶《みよしながよし》に仕え、長慶亡き後は足利義輝《あしかがよしてる》を暗殺し、東大寺大仏殿を焼き払うなど専横を極める。織田信長《おだのぶなが》に従ったのち、一五七一年、信長に謀反を起こすが失敗。一五七七年、再度信長に背いて自爆。

斎藤道三《さいとうどうさん》と同様、代表的なミスター下剋上《げこくじょう》といえば松永《まつなが》(弾正《だんじょう》)久秀《ひさひで》。彼がはじめに仕えていた三好長慶《みよしながよし》もまた、主君を退け、将軍・足利義輝《あしかがよしてる》を追放したという典型的な下剋上男でした。久秀は、そんな下剋上のパイセン、長慶の家臣となり、少しずつ腹黒い本性を現していきます。

長慶は晩年、親族を相次いで亡くしましたが、長慶の息子・義興《よしおき》を殺した人物は久秀だという説もあるくらいなのです。

長慶亡き後は、三好三人衆と呼ばれる重臣たちと三好家を支えた久秀。しかし、彼の腹黒さは止まりません。将軍・足利義輝を襲撃、暗殺するという悪事を働いたかと思えば、案の定、三好三人衆と衝突して内乱状態を引き起こす始末。しまいには、三好三人衆が陣所としていた東大寺《とうだいじ》大仏殿を、こともあろうに焼き討ちしてしまうのです。なんて罰当たり!

その後、織田信長《おだのぶなが》の軍門に下ってピンチをしのいだ久秀ですが、その信長すら二度も裏切る腹黒さ。さすがにキレた信長は大軍を送り込み、久秀が持つ「古天明平蜘蛛《こてんみょうひらぐも》」という名茶釜を渡せと迫ります。しかし久秀は断固拒否し、自害してしまいました。その方法は、茶釜に火薬をつめた爆死(!!)だといわれています。確かに彼ならやりかねません…!

### 残念格言

腹黒さも、貫くと逆にかっこいい

ヤバいもの、見つかっちゃった（涙）

# 武田《たけだ》信玄《しんげん》

1521年〜1573年

**足跡《そくせき》**

一五二一年、戦国武将・武田信虎《のぶとら》の長子として生まれる。一五四一年、父を駿河《するが》に追放して家督を継ぎ、信濃《しなの》、駿河などと支配を広げた。一五七二年、三方原《みかたがはら》で徳川家康《とくがわいえやす》軍を破った翌年、病にて死去。

歴史好きな人なら、一度は「戦国時代の武将で一番強かったのは誰だ⁉」なんて考えたことがあるかもしれませんが、そんな時、必ず候補に挙がる一人が甲斐《かい》の武田信玄《たけだしんげん》です。

信玄の強さは半端なく、信濃《しなの》の攻略を皮切りに、支配地を駿河《するが》、美濃《みの》、飛騨《ひだ》、三河《みかわ》の一部にまで広げました。越後《えちご》の上杉謙信《うえすぎけんしん》と川中島《かわなかじま》で激戦を繰り返したことでも有名です。上洛を目指し、徳川《とくがわ》軍の城を攻めている最中に病に倒れ、甲府《こうふ》へと戻る道すがら亡くなってしまいましたが、もし病魔の訪れが数年遅ければ、日本史は大きく変わっていたかもしれません。

そんな戦国最強武将・武田信玄、実は少しアレな趣味をもっていました。そう、美少年が大好きだったのです。当時の戦国武将にとって、衆道《しゅどう》（男性同士の同性愛）はごく普通の（⁉）の趣味であるとも言われていますが、信玄の場合は「手紙《ラブレター》」という物的証拠を現代に残してしまいました。コレは恥ずかしい……。問題の手紙《ラブレター》は春日源助《かすがげんすけ》（高坂昌信《こうさかまさのぶ》）という美少年にあてたもので、「弥七郎《やしちろう》（浮気相手）にアタックしたけど、お腹が痛いって断られたの……嘘じゃないもん！」という切実な内容です。色々妄想をかき立てられるこの手紙、現在は東京大学史料編纂《へんさん》所に所蔵されています。

**残念格言**

見られたら恥ずかしい物は死ぬ前に処分しよう

髪の毛いじり、許すまじ

# 明《あけ》智《ち》光《みつ》秀《ひで》

生年不詳〜1582年

ベロベロ
バー
明るく光が
秀でるとはまさに
これのことよのう
キンカン
プル
プルル
プル
クソォ
いつかこいつ
殺す!!

**足跡《そくせき》**

美濃《みの》の生まれ。越前《えちぜん》の朝倉義景《あさくらよしかげ》に仕えた後、織田信長《おだのぶなが》の家臣となる。以降、信長に重用され丹波《たんば》攻略などで活躍する。一五八二年、本能寺《ほんのうじ》の変で信長を自害させるが、間もなく羽柴秀吉《はしばひでよし》に討たれ、自害。

本能寺《ほんのうじ》の変で織田信長《おだのぶなが》を自害に追いこんだ明智光秀《あけちみつひで》ですが、その天下はたった数日で終わってしまいました。一体なぜ、彼は信長亡き後の覇者《はしゃ》となり得なかったのでしょうか?

光秀は、信長から「キンカン頭(つまり、ハゲ)」という素敵なニックネームまで頂戴していた織田家の重臣でした。その手腕もなかなかのもので、特に丹波《たんば》、丹後《たんご》地方の平定においては、非常に大きな功績をあげています。

申し分ない働きを見せていた光秀ですが、羽柴秀吉《はしばひでよし》の毛利《もうり》討伐を助けるため出陣した一五八二年六月二日、突如として謀反を起こし、信長のいる本能寺に攻め込んだのです。理由については、「信長にムカついてたから」「信長のパワハラでノイローゼ気味だったから」「何となく勢いで」など様々な説があるものの、正解を知るのは光秀ただ一人だけでしょう。

さて、信長を討ち取ったキンカン頭ですが、その先は何とも根回し不足でした。予め協力者を募っていなかった上、主君の仇討ちを掲げた秀吉軍との戦い(山崎《やまざき》の戦い)では、娘・細川《ほそかわ》ガラシャの嫁家、細川家からすら援軍を断られています。

追い詰められた光秀は、敗走。その途中、落ち武者狩りの農民に刺されて自害するハメになってしまいました。

**残念格言**

大事を成す時は、時間をかけて計画を練ろう

パワハラ司令官で〜す!

# 織《お》田《だ》信《のぶ》長《なが》

1534年〜1582年

群雄割拠《ぐんゆうかっきょ》の戦国時代にあって、織田信長《おだのぶなが》は頭一つ抜きん出た戦国大名でした。それは当然、武勇の面だけではありません。知略、行動力、決断力……あらゆる面において、他の大名とは一線を画した存在であったと言えるでしょう。

彼が「普通じゃなかった」ことを物語るエピソードは、枚挙にいとまがありません。若い頃は、トラ皮の袴《はかま》にひょうたんをぶら下げるなど、斬新な服装と奇抜な髪型がトレードマークだった信長。裏でひそひそ「大うつけ(=大バカ野郎)」と呼ばれていた話はあまりに有名です。父・信秀《のぶひで》の葬儀にこのうつけファッションで乗り込んで線香の灰を投げつけたり、あまりのうつけぶりに教育係が切腹してしまったりと、現代で言えば成人式で暴れる新成人に近かった信長ですが、その後の躍進ぶりを考えると、彼が「ただのうつけ」でなかったことは明白です。

織田信長の名が一躍知られるようになったのは、一五六〇年の「桶狭間《おけはざま》の戦い」。当時、天下統一に最も近いと言われていた有力武将・今川義元《いまがわよしもと》を、わずかな手勢で急襲し、討ち取ってしまったのです。これを皮切りに、信長はいよいよ「大うつけ」から脱皮していきました。一五六七年には斎藤竜興《さいとうたつおき》(斎藤道三《どうさん》の息

**足《そく》跡《せき》**

織田信秀《のぶひで》の子として生まれる。家督をついだ後、一五六〇年桶狭間《おけはざま》の戦いで今川義元《いまがわよしもと》を討ち取る。美濃《みの》攻略や足利義昭《あしかがよしあき》を擁しての入洛《じゅらく》を経て、一五七三年、室町《むろまち》幕府を滅ぼす。長篠《ながしの》の戦いに勝利、石山本願寺《いしやまほんがんじ》を攻略し、天下統一を目前とした一五八二年、明智光秀《あけちみつひで》の謀反により本能寺で自害。

子)を追放して美濃《みの》を攻略。翌年には足利義昭《あしかがよしあき》を次期将軍に担いで上洛を果たし、三好《みよし》三人衆ら敵対勢力を次々と討ち取りました。一五七一年、比叡山延暦寺《ひえいざんえんりゃくじ》を焼き討ちした後、一五七三年には、ついに室町《むろまち》幕府を滅亡に追い込むのです。

勢い衰えぬまま、武田《たけだ》氏、浅井《あざい》氏など有力大名を撃破していった信長は、まさに「天下布武」。武によって天下を取る、そんな矢先の「本能寺《ほんのうじ》の変」ですから、運命の残酷さを感じずにはいられません。

しかし、忠臣だった明智光秀《あけちみつひで》の裏切りは、そもそも信長自身に原因があるという説もあります。彼は、家臣へのパワハラが日常茶飯事だったというのです。貧しき者や庶民に対しては慈悲深かったといわれる信長ですが、反面、家臣に対しては容赦なく厳しい司令官。光秀に「キンカン頭(＝ハゲ)」とあだ名をつけているあたり、メンタル面へのハラスメントも感じます……。厳しさは信頼の証なのかもしれませんが、過ぎたるは及ばざるがごとし。何事もやり過ぎはいけません。

**残念格言**

いきすぎた厳しさは相手に恨まれるだけ

若いヤツは年寄りの言うことを聞いてればいいんじゃ！

# 豊臣秀吉《とよとみひでよし》

1537年〜1598年

「貧しい生まれでも、自らの才覚しだいでいくらでものし上がれる」という点で、戦国時代はこれまでの時代と圧倒的に異なる性質を持っていました。そして、この時代、最大の下剋上《げこくじょう》ドリームを手に入れた人物こそ、豊臣秀吉《とよとみひでよし》（羽柴《はしば》秀吉）、その人だったのです。

秀吉の父は、百姓もしくは足軽だったと言われています。織田信長《おだのぶなが》の雑用係として働き始めた彼は、「信長の草履《ぞうり》を懐《ふところ》で温めた」というエピソードに象徴されるように、機転のよさと忠実さで頭角を現わしていきました。信長が美濃《みの》を攻略する際には、墨俣《すのまた》に一夜で砦《とりで》を築くという離れ業をやってのけたと言います。

信長から「サル」という見た目そのままのあだ名を頂戴した秀吉は、次々と武功を重ね続け、やがて信長の右腕として高い地位に昇りつめていきました。信長が本能寺《ほんのうじ》で明智光秀《あけちみつひで》に討たれた際には、戦闘中だった毛利《もうり》氏と瞬く間に和解をとりまとめ、京都へ急行（中国大返し）。謀反《むほん》からわずか十一日ほどで、明智光秀を討ち取っています。大局を見定め、臨機応変な判断を下すという点において、秀吉は他の追随を許さぬ才能を持っていたことが分かります。

その後、清洲《きよす》会議において三法師《さんぼうし》（後の織田秀信《ひでのぶ》）を織田家当主にすえた秀吉は、柴田勝家《しばたかついえ》ら対立する勢力

## 足《そく》跡《せき》

一五三六年、足軽の子として生まれ、はじめ木下藤吉郎《きのしたとうきちろう》と名乗る。織田信長《おだのぶなが》に雑用係(小者)として仕え始め、功績を重ねた結果、信長に重用されるようになる。一五八二年に明智光秀《あけちみつひで》を、翌年には柴田勝家《しばたかついえ》を討ち取り、徳川家康《とくがわいえやす》らを抑えて天下統一を成し遂げる。一五九八年、朝鮮出兵の戦局半ばで死去。

を一掃。朝廷から関白《かんぱく》の位を授かると、徳川家康《とくがわいえやす》をはじめとする諸大名や、主であった織田秀信をも臣下とし、ついに天下統一を成し遂げたのでした。

しかし問題はここからです。関白を甥《おい》の秀次《ひでつぐ》に譲り、自らは太閤《たいこう》と称して権力を握った彼は、野望を日本から海外へ向け、朝鮮出兵を企てたのです。秀吉の場合、年齢とともに失われたのはお肌の張りだけではなく、大局を見定めるという長所だったのかもしれません。朝鮮半島だけでなく、明《みん》(中国)や天竺《てんじく》(インド)の征服までも視野に入れたことで戦局は大混乱。結果的に、豊臣政権にとって大きな痛手に……。

さらに、やっとできた一人息子・秀頼《ひでより》とその母・茶々《ちゃちゃ》(年の差約三十歳の幼妻)を溺愛した秀吉。かわいい息子に跡を継がせるため、関白を譲ったはずの甥・秀次を切腹に追い込むという暴挙に出るのです。挙句には、側近だった茶人・千利休《せんのりきゅう》にまで難癖をつけて切腹を命じる始末。晩年の秀吉は、ただの老害おじいさんになってしまったのでした。

**残念格言**

**晩年は潔く、第一線から身を引こう!**

色々あったけど、ともかく長生きしようっと

# 徳《とく》川《がわ》家《いえ》康《やす》

1542年～1616年

「織田《おだ》がつき、羽柴《はしば》がこねし天下餅、座りしままに食うは徳川《とくがわ》」と揶揄《やゆ》されたように、美味しい所だけをさらって天下をとったイメージの強い徳川家康《いえやす》ですが、実際はそうではありません。家康は、これでもかというほどに苦労を重ねた、正真正銘の苦労人なのです。

彼の苦労多き人生は、わずか三歳から始まりました。岡崎城《おかざきじょう》で松平広忠《まつだいらひろただ》の子として生まれた家康(幼名・竹《たけ》千代《ちよ》)ですが、当時の松平家は衰え、今川《いまがわ》家の庇護《ひご》下に置かれていました。ところが、伯父・水野信元《みずののぶもと》が今川家を裏切り、織田家に通じてしまったのです。これにより、父と母は離縁。家康は幼くして母と離れ離れになってしまいました。

この影響で、六歳にして今川家の人質となり、駿府《すんぷ》へ送られることとなった家康。道中では何と織田側に捕まってしまい、尾張《おわり》(安城《あんじょう》とも)で過ごすこと二年……。人質交換で再び今川家へ送られ、そこから今川義元《よしもと》が桶狭間《おけはざま》で討たれるまで十年以上もの間、長い人質生活を送り続けたのでした。

その後、織田信長《おだのぶなが》との同盟によってようやく今川家と絶縁できたものの、支配権を回復した三河《みかわ》で一向一揆《いっこういっき》が発生。しかも、家康の重臣だった本多正信《ほんだまさのぶ》は彼を裏切り、一揆側の味方についてしまったのです。とに

かく身内や家臣から裏切られることが多かった家康ですが、とどめは一五八四年、羽柴秀吉《ひでよし》との間で起こった小牧《こまき》・長久手《ながくて》の戦い。天下の行く末を左右するこの重要な戦いで、家康はまたもや信頼していた家臣・石《いし》川数正《かわかずまさ》に裏切られたのです。人質時代から苦労を共にした側近中の側近がいきなり敵に寝返るというアンビリバボーな展開に、さすがの家康も凹んだはず……。

そんな経験を経て征夷大将軍《せいいたいしょうぐん》まで昇りつめただけあって、晩年は「信頼できるのは自分だけじゃ!」という悟りを開いたのか、家康はひたすら長寿に執着する健康オタクになったようです。

十九世紀後半に編纂《へんさん》された『徳川実紀《とくがわじっき》』には、家康が実践した健康法が書かれています。それによると、食事に細心の注意を払い節制を心掛けたのはもちろん、熱心に薬草を研究し、自ら薬まで調合していたとか。家康が当時としては異例の七十四歳という長寿を全うできたのは、そんなオタクぶりが実を結んだからに違いありません。

**足跡《そくせき》**

一五四二年、岡崎《おかざき》城主・松平広忠《まつだいらひろただ》の子として生まれる。長年、今川《いまがわ》家で人質として生活した後、織田信長《おだのぶなが》と結び勢力を拡大。信長の死後は豊臣秀吉《とよとみひでよし》に協力し、秀吉の晩年には五大老の一人となる。秀吉の死後、関ヶ原《せきがはら》の戦に勝利。征夷大将軍《せいいたいしょうぐん》となる。大坂冬・夏の陣で豊臣家を滅ぼし、天下を統一する。

**残念格言**

人は裏切る。でも健康は裏切らない

## 悪役キャラにされちゃった……

# 石田三成《いしだみつなり》

1560年～1600年

ずる賢い、腹黒い、傲慢《ごうまん》……などなど、「石田三成《いしだみつなり》＝悪人」をイメージする人はかなり多いかもしれません。しかし、実際の三成は、本当にあくどい人物だったのでしょうか？　その答えは「ノー」。三成はむしろ、最後まで豊臣《とよとみ》家に忠義を尽くした「義理堅い家臣」だったといえるでしょう。

彼は身分が高い家の生まれではありません。初めは秀吉《ひでよし》の小姓《こしょう》として仕え、そこからは自らの才覚のみで秀吉の信頼を獲得していきました。側近として台頭していった三成は、秀吉が関白《かんぱく》となって以降特に重用されるようになり、太閤検地《たいこうけんち》の際はその中心として活躍。朝鮮《ちょうせん》出兵に際しても、後方支援に邁進《まいしん》しました。武将ではありませんでしたが、行政や実務に優れた能力を発揮した人物だったようです。

秀吉の死後は、豊臣政権の安定に力を尽くした三成。一方、彼にとって脅威《きょうい》だったのが、五大老の筆頭として勢力を拡大させていた徳川家康《とくがわいえやす》です。最終的に家康とは関ヶ原《せきがはら》の戦で雌《し》雄《ゆう》を決することとなりますが、百戦錬磨のタヌキ親父・家康にしてやられ、あえなく敗北。豊臣家に忠義を尽くした三成はこの一回の敗北で逆賊《ぎゃくぞく》となり、後世にまでその悪役イメージが定着してしまったのでした。

### 足跡《そくせき》

十三歳の頃、羽柴《はしば》(豊臣《とよとみ》)秀吉《ひでよし》に仕え始め、以降、才覚を認められ重用されるようになる。一五九五年には近江《おうみ》佐和山《さわやま》城主となる。秀吉の死後、一六〇〇年関ヶ原《せきがはら》の戦いで徳川家康《とくがわいえやす》に敗れ、斬首される。

### 残念格言

世の中ほぼほぼ勝てば「正義」、負ければ「悪」。

お兄ちゃん、ごめーん！

# 真田信繁《さなだのぶしげ》（幸村《ゆきむら》）

1567年～1615年

兄上！、武士は損得で動くものではないのです
義こそすべて!!
だからわたしは豊臣派！
弟よ もうフォローするの大変なんだぜ
ヒー
ヒー
ヒー
ヒー

**足跡《そくせき》**

一五六七年、真田昌幸《まさゆき》の次男として生まれる。父と共に豊臣《とよとみ》家に仕え歴戦を重ねるが、関ヶ原《せきがはら》の戦で敗北。紀《き》州《しゅう》国九度山《くどやま》に流罪となった後、豊臣家の呼びかけに応え挙兵。大坂《おおさか》冬・夏の陣で奮戦し、戦死。

大坂冬の陣では「真田丸《さなだまる》」の防戦で徳川方を恐れさせ、夏の陣では徳川家康《とくがわいえやす》の本陣に突撃、猛攻を加えた真田信繁《さなだのぶしげ》。最後まで豊臣家に忠義を尽くした信繁は「義の人」と称《たた》えられますが、自分の兄に対しては不義理ばっかりだったようです。

真田家は、戦国時代末期という波乱の時代にあって、武田《たけだ》家、織田《おだ》家、上杉《うえすぎ》家、そして豊臣家と臨機応変に主君を変えつつ、生き延びました。信繁が兄・信之《のぶゆき》と袂《たもと》を分かったきっかけは、一六〇〇年、関ヶ原《せきがはら》の戦。信之の妻が徳川家康の重臣・本多忠勝《ほんだただかつ》の娘であったことから、信之は東軍側に、父・昌幸と信繁は西軍側についたのです。東軍の勝利後、信之は自らの命をも投げ出す覚悟で、家康に父と弟の助命を嘆願。これが功を奏し、信繁らは死刑を免れて流罪《るざい》となり、信之はその後も二人に金銭的な支援を続けました。

兄のおかげで命を長らえた信繁。しかし彼はおよそ十四年後、豊臣家の呼びかけに応えて大坂《おおさか》の陣に参戦！　かなりの大暴れをかましました。一花咲かせたかった気持ちも分かりますが、兄からしてみれば助命した弟がまたもや敵方へ身を翻《ひるがえ》したわけで……。その後、めちゃくちゃ肩身の狭い思いをしたことは、想像に難くありません。

**残念格言**

誰かに味方すると、誰かを裏切ることになる

## 飲んで殴って描くのが芸術だ！

# ミケランジェロ・カラヴァッジョ

1571年（1573年とも）～1610年

ミケランジェロ・カラヴァッジョは、斬新な写実描写で後のヨーロッパ近現代絵画に多大な影響を与えた天才画家です。まずは、彼の画家としての軌跡《きせき》を振り返ってみましょう。

カラヴァッジョはイタリア北部の生まれ。ミラノで画家としての修業を積んだのち、ローマで本格的な活動を始めました。彼の名を一気に知らしめた作品は、一五九九年～一六〇二年にかけてコンタレッリ礼《れい》拝堂《はいどう》に描いた『聖マタイの召命《しょうめい》』、そして『聖マタイの殉教《じゅんきょう》』です。暗黒に近い陰影部と光との極端なコントラストや徹底した写実表現は、当時の絵画界に大きな衝撃をもたらしたといいます。これを機に、貴族や教会から次々と絵画の依頼を受けるようになったカラヴァッジョは、宗教画を中心に多くの名画を手掛けました。その斬新な手法から時に議論の的となることはあったものの、画家としての彼は概《おおむ》ね順風満帆であったと言えるでしょう。

彼の問題点は、私生活（というより人間性そのもの）にありました。とにかくケンカっぱやく、行く先々で乱闘騒ぎを起こすのです。酒場で飲んでは人を殴り、街を歩いてはそこら中で暴力事件を巻き起こす……。天才にありがちな、典型的コミュ障だったのでしょう

か。なぜそこまで人を殴りたかったのかは分かりませんが、ともかくカラヴァッジョの乱闘マシーンぶりはとどまるところを知らず、「危ない男」として警察と裁判所の監視下に置かれてしまいました。ローマ市民も相当迷惑していたのでしょう……。

ここまでならまだしも(?)、一六〇六年、乱闘マシーンはついに大問題を引き起こします。勢い余って人を殺してしまったのです。懸賞金まで掛けられ、ローマからナポリに逃亡したカラヴァッジョ。「危ない男」から、立派な「逃亡犯」に格上げとなってしまいました。しかし、ここまできてもまだ懲《こ》りないのが彼のすごいところ。逃亡先のマルタ島やシチリア島でも次々と乱闘騒ぎを起こしたといいますから、逆にあっぱれと言うべきか……。もっとびっくりなのは、こんな落ち着かない逃亡生活の日々でさえ、カラヴァッジョが絵筆を握り続けたという事実。しかも、この時期に描かれた絵は、どれも驚くほど静寂な神々しさを放っているものばかり。芸術とは、本当に不可解ですね。

**残念格言**

**やばい人ほど美しい作品が描ける**

**足跡《そくせき》**

一五七一年（一五七三年とも）、北イタリアのベルガモ近郊カラヴァッジョに生まれる。本名はミケランジェロ・メリジ・ダ・カラヴァッジョ。明暗を強調した斬新な手法でバロック絵画に多大な影響を与えた。代表作は、『聖マタイの召命《しょうめい》』『聖マタイの殉教《じゅんきょう》』『バッカス』『キリストの埋葬』など。

元愛妻家、今は好色家♡

# シャー・ジャハーン

1592年〜1666年

人は誰しも、心から愛する人と結ばれたいと願うものです。しかし、愛すれば愛するほど、失った時の悲しみは大きいもの。そんな悲しみに耐えきれず心のネジが外れてしまったのが、ムガル帝国第五代皇帝、シャー・ジャハーンです。

シャー・ジャハーンは、安定した治世を築いた有能な皇帝でした。彼を支えていたのが、愛妻のムムターズ・マハル。彼女は生涯、十四人もの子どもを出産しましたが、それほどの多産はやはり健康に悪影響だったらしく、十四人目を生んだ直後、産褥《さんじょく》熱で命を落としてしまったのです。失意の中、シャー・ジャハーンが愛妻のために造った墓廟《ぼびょう》こそ、世界遺産タージ・マハル。世界中から一流の職人と資材を集めて造られた、総大理石のとびきり美しい建築物です。

彼は、立ち直れないほどの深い悲しみに包まれました。そして、何かがぶっ壊れてしまったのでしょう。突如、限度を知らない好色男へと大変貌！　好みの女性を次々と側室にしたあげく、家臣の妻にまで手を出していったとか。一時、重病で臥《ふ》せっていましたが、これも強力な精力剤の使い過ぎが原因という説も……。タージ・マハルに埋葬された愛妻も、天国で大きなため息をついていたかもしれません。

**残念格言**

悲しみによって道を誤るな

**足《そく》跡《せき》**

ムガル帝国（今の北インド地域）第四代皇帝ジャハーンギールの子。第五代皇帝。一六一二年、大富豪の娘であったムムターズ・マハルと結婚。安定した治世を築くが、晩年は息子たちの権力争いに巻き込まれ、幽閉《ゆうへい》される。

ニュートンに嫌われちゃった（涙）

# ロバート・フック

1635年～1703年

足跡《そくせき》

一六三五年、イングランド王国ワイト島で生まれる。才能を見出され、ウェストミンスター・スクールに入学したのち、オックスフォード大学の化学助手、その後、イギリス王立協会員として多数の実験に取り組む。

中学理科の教科書に登場する「フックの法則」や、生命の最小単位をcell（細胞）と名付けたことで知られる、ロバート・フック。彼は十七世紀を代表する万能の天才科学者でしたが、現代の私たちにとっては、どうにも知名度の低さが否めません。一体、なぜなのでしょう？

答えは、彼の人間性にあるようです。典型的な「気難しい科学者」であったフックは、晩年になるとその気難しさがますます悪化してしまいました。彼の人柄について述べた書物には、「怒りっぽい」「論争で相手を不快にさせる」「嫉《しっ》妬《と》深《ぶか》い」など、ろくなことが書かれていません。フックの知名度がイマイチなのは、彼の業績を評価し、後世に残す役割の人々に「嫌われてしまったから」だと言えます。

同時期に活躍した天才科学者・ニュートンも、フックを嫌っていたうちの一人でした。フックはイギリス王立協会の中心人物でしたが、フックの死後、同協会会長になったニュートンは唯一残っていたフックの肖像画を捨ててしまったのだとか。そればかりか、フックの業績自体を隠そうとした、なんていう噂《うわさ》も。これが事実ならかなり陰湿ですが、フックの言動に原因があるなら、自業自得といったところでしょうか。

残念格言

最低限の愛想は、人のためではなく自分のため

夢は「金作り放題」でした

# アイザック・ニュートン

1642年〜1727年

十七世紀に活躍した科学者の中で最も有名なのが、アイザック・ニュートン。ご存知、万有引力《ばんゆういんりょく》の法則や微積分《びせきぶん》法の発見をはじめとして、ニュートンが後の科学界に与えた影響は絶大なものでした。

ニュートンは家庭に恵まれない幼少期を過ごしました。生まれる前、父はすでに他界しており、残された母は再婚を理由に彼を親族に預けてしまったのです。しかし、ニュートンの人並み外れた才能を見出した親族により、彼は無事ケンブリッジ大学に進学することができました。庭で木からリンゴが落ちるのを見て万有引力を思いついた、とはよく伝記などで語られるエピソードですが、この万有引力の発見をはじめ、彼の生涯を通じた大発見はほとんど、学生時代の業績なのです。

一方で、先生には非常に恵まれたニュートン。恩師アイザック・バローは彼を高く評価し、ケンブリッジ大学教授職という自身のポストを譲ってくれたほど。才能をいかんなく発揮するにあたって、ニュートンが置かれていた環境はかなり良いものであったと言って差し支えないでしょう。

物理学、数学の分野での業績がフューチャーされがちなニュートンですが、実は、あまり知られてこなかっ

足《そく》跡《せき》

一六四二年、イングランド王国で生まれる。ケンブリッジ大学在学中、微積分法《びせきぶんほう》や万有引力《ばんゆういんりょく》の法則を発見。同大学の教授となった後も、幅広い分野で研究を重ねる。下院議員、造幣局《ぞうへいきょく》長官などを歴任し、一七〇五年には女王からナイトの称号を授けられる。

た意外な側面があります。それは、錬金術《れんきんじゅつ》に超はまっていた、ということ。錬金術とは、簡単に言えば「安い金属を高価な金に転換しよう」という試みです。はい、そうです。いかにも怪しい試みですが、ニュートンはこれにドはまりし、真面目に、そしてめちゃくちゃ熱心に実験を重ねていたのです。

二十世紀に入ってからの調査で、ニュートンの遺髪《いはつ》からはかなりの量の水銀が検出されたと言われています。水銀は錬金術の試薬として使われていたそうですから、そのドはまりぶりも推して知るべし、なのです。

その一方で、晩年のニュートンは地位や名誉にもかなり固執していたようで、教え子チャールズ・モンタギューの力を利用して造幣局《ぞうへいきょく》長官というポストまでゲットしています。長官となったニュートンは通貨偽造にかかわった人物を片っ端から逮捕するというFBIもビックリな働きを見せるのですが、自分は錬金術で金を作ろうとしていたのに、偽金作りには厳しいなんて……なんだかちょっと、腑《ふ》に落ちない気もします。

**残念格言**

どんな人物にも、意外な一面はある

海賊討伐《かいぞくとうばつ》に行ったのに海賊になっちゃった

# ウィリアム・キッド

1645年頃～1701年

**足跡《そくせき》**

一六四五年頃、スコットランドに生まれる。はじめは西インド諸島で私掠船《しりゃくせん》の船長として活躍。その後、海賊《かいぞく》討伐《とうばつ》のためマダガスカル島へ向かったが逆に海賊となり、捕らえられ、一七〇一年に死刑となる。

「ウィリアム・キッド」でピンとこなかった人も、「キャプテン・キッド」と聞けば思い出すのではないでしょうか。そう、彼はエドガー・アラン・ポーの『黄金虫《こがねむし》』など、数々の物語の題材にもなったイギリスの伝説的海賊なのです。

初期の頃は、私掠船《しりゃくせん》の船長として活躍していたキッド。私掠船とは、国の認可を得て他国の船を襲撃、捕獲する船のこと。一見めちゃくちゃですが、十六～十九世紀にはこのような国家公認海賊《かいぞく》船がうようよいたのでした。

私掠船に乗っていただけあって海賊に詳しかったキッドは、一六九六年、「海賊討伐《とうばつ》」を掲げて出航しました。アドベンチャー・ギャレー号という立派な船に乗り、いざ海賊の巣窟《そうくつ》であるマダガスカル島へ！　意気揚々《いきようよう》と向かったキッドでしたが、到着後に謎の目的変更。「討伐なんてしない！　むしろ自分が海賊になってやる！」と一念発起したのです。典型的な「ミイラ取りがミイラになる」ですね……。

こうして立派な海賊へとジョブ・チェンジした彼は、本国ですっかり「お尋《たず》ね者」に。友人に裏切られた末、捕らえられてしまいました。裁判では死刑を宣告され、絞首刑《こうしゅけい》に……。見せしめのため、遺体は何年もの間放置されたと言います。

**残念格言**

初志は貫徹させよう。後悔しないために

見せるからこそ見える真実もある！

# ジャン＝ジャック・ルソー

1712年～1778年

学問と芸術の進歩は人間の風俗を堕落させたかそれとも磨きあげたか
ギャー変態‼

**足《そく》跡《せき》**

一七一二年、スイス・ジュネーブに生まれる。貧困と放浪の少年時代を過ごした後、独学で教養を身につけ、『人間不平等起源論《にんげんふびょうどうきげんろん》』『社会契約論《しゃかいけいやくろん》』『エミール』などを執筆。近代思想に大きな影響を与えた。

ルソーは『社会契約論《しゃかいけいやくろん》』や『エミール』で知られる十八世紀の思想家です。近代思想に多大な影響を与えた人物でありながら、彼は正規の教育を一度も受けたことがありませんでした。それは、あまりに不幸な生い立ちのせいでもあります。

もともとはごく平凡な家庭に生まれたルソーですが、父が貴族とケンカし、逃亡生活を余儀なくされたことで、突然波乱万丈の人生へとシフトチェンジ！　預けられた先ではムチで打たれ、奉公先では折檻《せっかん》されるという辛い日々に突入したのです。ついに、窃盗《せっとう》などの悪事を重ねるザ・不良少年へと成長してしまったルソー。ある貴族との出会いをきっかけに独学で教養を積み、懸賞《けんしょう》論文が認められたことでようやく哲学者として名前が知られるようになりましたが、こうした若き日の辛い経験は、ルソーを立派な「人格者」……ではなく、立派な「変態さん」に育て上げてしまったのです。

晩年、彼は『告白《こくはく》』という自叙伝《じじょでん》を書き上げました。そこには、自身が露出狂《ろしゅつきょう》であること、完全なるドMであること、娘さんたちの前でおケツを露出するのが快感だった……など、「もうやめて！」と叫びたくなるほど赤裸々《せきらら》な経験が綴《つづ》られています。子ども時代の経験って大切ですね……。

**残念格言**

人間は、良くも悪くも経験によって作られる

色々できちゃうからしょうがない

# 平賀源内《ひらがげんない》

1728年～1779年

**足《そく》跡《せき》**

一七二八年、讃岐《さぬき》国に生まれる。長崎や江戸で本草学《ほんぞうがく》、蘭《らん》学、俳諧《はいかい》、医学など様々な学問を修め、浄瑠璃《じょうるり》でもその才能を発揮。日本初の物産展も開く。一七七九年、誤って人を殺傷。捕らわれて獄死《ごくし》する。

世の中には特定の物事に一球入魂するタイプと、あれこれ手を付ける器用貧乏タイプがいますが、平賀源内《ひらがげんない》は典型的な後者のタイプでした。実際のところ彼の肩書は、本草学《ほんぞうがく》者、医者、発明家、俳人、浄瑠璃《じょうるり》作者、事業家、画家……などなど、数えだすときりないほどです。

源内は高松《たかまつ》藩に仕える下級藩士の家に生まれました。通常であれば藩の一員としてその生涯を終えたはずでしたが、並外れた好奇心を持った源内が、そんな狭い世界に収まるわけもなく、長崎、大阪、江戸などの大都市を、好奇心の赴くままに次々と遊学して回りました。この広い見聞を生かし、江戸で日本初の物産展まで開催していたといいますから、フットワークの軽さは相当なものです。

一方で晩年は、鉱山開発に手痛く失敗するなど、苦い経験もちらほら……。ある時、長崎で手に入れたエレキテル（静電気発生器）を修理し、医療品として発表したものの、期待していた後援者は得られず。これにいじけた源内は世間を恨み、生活がすさんでいったといいます。ついには酔った勢いと勘違いから人を殺して逮捕！　獄中でこの世を去りました。これだけの才能がありながら……なんとも残念な最期《さいご》です。

**残念格言**

器用さは、時に最大の弱点ともなる

危機感なくてゴメンあそばせ

# マリ・アントワネット

1755年〜1793年

なんですって？
パンがないならおかしを食べればいいんじゃなくって？

足跡《そくせき》

オーストリア女帝マリア・テレジアの娘として生まれる。一七七〇年、のちのルイ十六世と結婚。浪費ぶりが災いし、国民の反感を買う。一七九二年タンプルの獄に幽閉《ゆうへい》され、翌年に処刑。

フランス革命の渦に巻き込まれた悲劇の王妃マリ・アントワネット。激しい浪費ぶりから「赤字夫人」などと呼ばれ、国民から大いに反感を買ったことで知られています。

そんな彼女には、幽閉《ゆうへい》される前、一度だけ母国・オーストリアに脱出できるチャンスがありました。アントワネットの愛人とも噂《うわさ》されたフェルセン伯爵《はくしゃく》が、周到に準備を整えてくれたのです。ラストチャンスに賭《か》けるアントワネットと夫・ルイ十六世、そして二人の子どもたち。目立たないようこっそり庶民の姿に変装し、馬車で国境へ向かいました。

順調に宮殿を抜け出した一行でしたが、そこから先は計画通りとはいかず……。予定していたよりも馬車の進みが遅かったのです。理由については諸説ありますが、ただでさえ豪華な馬車に、銀食器やワイン樽《だる》など重い荷物をがっつり載せていたから、という説が有力です。つまり、超緊急事態にもかかわらず、危機感が超なかったわけです。国境への到着時間が大幅に遅れたことで出迎えの騎馬《きば》兵とも合流できず、彼女たちはヴァレンヌという町で捕まってしまいました（ヴァレンヌ事件）。この事件によって王権は完全に失墜《しっつい》。革命への流れは、もはや止めようがなくなってしまったのです。

**残念格言**

**危機感を持てない人は、大事な所で失敗する**

ウンコが好きじゃダメですか?

## ヴォルフガング・アマデウス・モーツァルト

1756年〜1791年

モーツァルトは、言わずと知れた「天才音楽家」。その生涯はわずか三十六年でしたが、彼の生み出した名曲の数々は、今なお世界中で愛されています。

モーツァルトの才能に最初に気づいたのは、バイオリン奏者だった父・レオポルトでした。父から徹底した音楽教育を施され、作曲活動を始めたのはわずか六歳の頃。息子の天才ぶりを披露《ひろう》し、名声（と、よりよい就職先。つまりお給料）を得たかった父は、まだ一桁の年齢だったモーツァルトを連れ、ヨーロッパ各地を旅して歩くのです。

モーツァルトは、人生の多くをこのような旅に費やしました。期間にすると、およそ十年。彼は三十六歳の若さで亡くなっているので、旅こそ人生という感覚だったのかもしれません。浮き草のようにヨーロッパ中をめぐり、各地の音楽を吸収したモーツァルトでしたが、こうした旅生活はもともと丈夫ではなかった彼の体力を奪《うば》い、寿命を縮める原因になった、という説もあります。

いずれにせよ、彼は旅の中で自らの才能を披露し、多くの名曲を書き上げました。しかし、苦労したわりにはよい就職先に恵まれることもなく、晩年（というにはあまりに若い二十代後半）になってようやく、

**足《そく》跡《せき》**

一七五六年、ザルツブルクに生まれる。幼い頃から天才音楽家として知られ、父とともにヨーロッパ各地を旅行。ザルツブルク大司教に仕えるなどしたが、一七八一年、ウィーンで独立し、音楽活動にはげむ。恵まれない経済状態の中、三十六歳という若さで没する。

ウィーンの地に定住。そこで楽譜を出版したり、オペラを上演するなどして生計を立てました。

このように「夭折《ようせつ》した天才音楽家」のイメージが強いモーツァルトですが、下ネタが大好きという人間らしい(?)一面も持っていました。恋愛関係にあったとされる従姉妹《いとこ》マリア・アンナ・テークラ(=通称・ベーズレ)に当てた手紙(いわゆる「ベーズレ書簡《しょかん》」)には、「今日もウンコをたれよう」「おお、ウンコ!」「くらえ!ウンコ!」などなど、「ウンコ」の文字が乱れ飛んでいます。これを読んだ時の、ベーズレの困惑顔が目に浮かびますね。

さらに一七八二年には、『俺の尻をなめろ』という、下ネタな欲望が全開の(実際は「くそ食らえ!」的スラングの)カノン形式声楽曲まで作曲。タイトルはアレですが、旋律《せんりつ》はとても上品なのだとか……。

モーツァルトにとって下ネタは、美しい音楽を生み出すために必要不可欠な「毒抜き」だったのかもしれません。

**残念格言**

人間、どんな時も上品ではいられない

落ち着かなくてすみません!

# 葛《かつ》飾《しか》北《ほく》斎《さい》

1760年〜1849年

アメリカの有名雑誌『LIFE』が一九九九年発表した「この一〇〇〇年で最も重要な功績を残した世界の人物一〇〇人」に、日本人として唯一選ばれた偉人がいます。それが、江戸時代中期の浮世絵《うきよえ》師・葛飾北《かつしかほく》斎《さい》。彼は、日本が誇《ほこ》る唯一無二《ゆいいつむに》の芸術家なのです。

北斎の名を聞いてまず思い浮かべるのが、各地の富士山を精巧な筆致で描いた『富嶽三十六景《ふがくさんじゅうろくけい》』だと思います。北斎の代名詞ともいえる作品ですが、この浮世絵のすごいところは、国内のみならずヨーロッパの芸術家たちに多大な影響を与えたという点。さらに北斎が刊行したスケッチ集『北斎漫画《ほくさいまんが》』は、ヨーロッパで「ホクサイ・スケッチ」と呼ばれ、モネやゴッホなどヨーロッパの画家たちにこれまた絶大な影響を与えています。鎖国下の日本にあってもなお世界的画家として足《そく》跡《せき》を残したところに、北斎のすごさがあるのです。「才能」って本当に恐ろしいですね!

このように、北斎は疑う余地のない「天才」でしたが、「天才」=「変人」なのは、もはやお約束。彼は一言でいうなら、「めちゃくちゃ落ち着きのない困った男」でした。

多くのエピソードが伝えられる中で最も有名なのが、引っ越しの回数。その数、生涯でなんと九十三回!

同じ場所に一年も住んでいられないという、根っからのそわそわ人間でした。変えまくったのは住所だけでなく、画号（画家としてのペンネーム）も「画狂人《がきょうじん》」「戴斗《たいと》」「為一《いいつ》」……などなど、生涯で二十数回変更しています。「北斎」というのは、風景版画を発表していた頃の画号なのです。

彼はまた、仕事面においてものんびりとは無縁の男でした。読本《よみほん》や黄表紙《きびょうし》の挿絵《さしえ》をはじめとして、絵手本、役者絵、美人画、風景画などを次々と手掛け、生涯に渡って描いた作品数は驚きの三万枚以上！　ものすごいスピードで描きまくっていたことが分かります。

他にも、自宅がゴミ屋敷だった、絵の依頼主といざこざが絶えなかった、娘の応為《おうい》も変な絵描きになった、有名画家なのになぜかいつも貧乏だった……など、人としてちょっと心配になるレベルの逸話が多い北斎。

しかし、約九十年という長い人生の中で作画への精進は常に怠らなかったといいますから、努力ができる本物の「天才」だったことは間違いありません。

**足跡《そくせき》**

一七六〇年、江戸に生まれる。勝川春章《かつかわしゅんしょう》の門下生として浮世絵を学び、度々画号を改めながら幅広い分野で作画活動を行った。代表作は『富嶽三十六景《ふがくさんじゅうろくけい》』（全四十六図）、『北斎漫画《ほくさいまんが》』、狂《きょう》歌《か》本『東都名所一覧《とうとめいしょいちらん》』挿絵《さしえ》など多数。西洋の印象派の画家などに大きな影響を与えたことでも知られる。

**残念格言**

「人と違う」は、良くも悪くも「才能」

# ナポレオン・ボナパルト

オレの人生、兵士→皇帝→島流し（2回）

1769年〜1821年

国内はフランス革命の真っただ中。国外では革命の余波を恐れた周辺諸国が第一次対仏大同盟を組むなど、十八世紀末のフランスはまさに四面楚歌《しめんそか》の状態でした。ここに彗星《すいせい》のごとく現れ、国家の窮地《きゅうち》を救った天才こそ、ナポレオン・ボナパルトだったのです。

戦場から妻のジョゼフィーヌに「今から帰る。風呂には入るな！」と手紙を送ったせいで、すっかり「臭いフェチ」キャラが定着しつつあるナポレオンですが、戦場での彼はフェチ男どころか、「戦いの神」でした。単なる砲兵《ほうへい》将校でしかなかったナポレオンが表舞台に躍り出たきっかけは、一七九三年トゥーロン港での戦い。ここで一気に才能を開花させた彼は、イタリア遠征、エジプト遠征など重要な戦いに次々と勝利。国民からの人気と信頼を得て、一七九九年には第一統領に、一八〇四年にはついに皇帝の位についてしまうのです。出世のスピードがもう、普通じゃありません！

ナポレオンの指揮のもと、斬新な戦術と圧倒的な行軍速度を誇ったフランス軍は欧州各地にその支配をのばし、フランス帝国はついに全盛期を迎えます。しかし、盛者必衰《じょうしゃひっすい》は世の中の常。ナポレオンとて例外ではありませんでした。

転落のきっかけは、一八一二年のロシア遠征です。

**足跡《そくせき》**

一七六九年、コルシカ島に生まれる。フランスへ移り住んだのち士官学校へ進学、砲兵将校となる。戦歴を重ね、才能を開花。イタリア軍司令官となり、頭角を現わす。一八〇四年、フランス皇帝となるが、ロシア遠征の失敗をきっかけに失脚し、2度の島流しの末、一八二一年死去。

ナポレオンに正面から当たっても勝ち目がないことを悟っていたロシア軍は、最大の強みである「国土の広さ」を生かし、広い原野をひたすら後退する作戦をとりました。次第に食料が尽き、疲弊《ひへい》していくフランス軍。ようやくモスクワに到着し、食料が確保できると喜んだナポレオンでしたが……ロシア軍はなんと、モスクワを街ごと燃やしてしまうのです。身も心もボロ雑巾状態のナポレオンに追い打ちをかけたのが、ロシアの冬将軍。兵士たちは寒さと飢えで次々と命を落とし、遠征は惨憺《さんたん》たる結果に終わったのでした。

一度揺らいだ権威が崩壊するのは案外簡単なもので、ナポレオンはそのわずか二年後に失脚。帝位を追われ、エルバ島へ流されてしまいます。島を脱出し再起を図ったものの、ワーテルローの戦いに敗れ(百日天下)、二度目の島流しにあってしまったのでした。

二度目に流されたセントヘレナ島で五十二歳の生涯を終えたナポレオン。兵士から皇帝へ、そして島流しと、まさに波乱万丈の人生でした。

**残念格言**

永遠に強い者など、存在しない

働くお父さん、うらやましい……

# ルートヴィヒ・ヴァン・ベートーヴェン

1770年〜1827年

音楽室の壁に飾られる肖像画の定番といえば、バッハ、モーツァルト、そしてベートーヴェン。日本では「楽聖」とも呼ばれるとおり、ベートーヴェンが世界の音楽史に残した功績はあまりに偉大です。

彼は才能あふれる音楽家だったにも関わらず、二十代の後半から難聴《なんちょう》の症状が現れるようになりました。音が次第に聞こえなくなるという耐えがたい恐怖と苦しみの中、もがくように作曲活動を続けたベートーヴェン。しかし、彼の人生を苦しみ多きものにしたのは、難聴だけではなかったようです。

ベートーヴェンの父親は、今でいうところの典型的な毒親でした。一家は祖父の代から宮廷歌手として活躍していましたが、ほとんどアル中というくらいの飲んだくれだった父にまともな歌が歌えるはずもなく、家計は苦しかったといいます。窮状《きゅうじょう》を打開する方法としてこのニート（父）が思いついたのは、心を入れ替えて働く……ことではなく、長男である彼を有名音楽家に育て上げ、稼がせることでした。こうして、父によるスパルタ音楽教育が始まったのです。

息子を有名音楽家に育て、稼がせようとした父親の前例としては、モーツァルト親子が思い浮かぶことでしょう。当時、天才音楽家としてその名を轟《とどろ》かせてい

たモーツァルトですから、ベートーヴェンの父がこれに倣《なら》った可能性は十分に考えられます。ともかく、まだ幼かったベートーヴェンはスパルタに耐えつつ、音楽家として立派に稼ぎを生み出しました。十六歳の頃には母が死去。アル中が酷くなるニート(父)をしり目に、大黒柱として家族を養い続けたのです。

　中年から晩年期にかけては聴覚のほとんどを失い、会話すら筆談に頼るようになったと言われていますが、その頃の彼を悩ませたのが甥《おい》っ子カールの問題です。最愛の弟カスパール・アントン・カールを亡くしたベートーヴェンは、残された甥っ子の養育権を、彼の実母(つまり、亡き弟の奥さん)と争ってまで獲得しました。しかし、そんな伯父の愛が重すぎたのでしょうか。カールは反抗したり自殺未遂騒動を起こしたりと、何かと手に負えないお子さんへと成長！　しかしベートーヴェンは、このやんちゃ坊主を突き放すことなく、陰ながら見守り続けたと言います。父に対しても甥に対しても、最後まで愛を貫いたのでした。

**足《そく》跡《せき》**

　一七七〇年、ドイツのボンで宮廷歌手の子として生まれる。幼少期より音楽家として家計を支え、ウィーンに出た後はハイドンらに師事。聴覚を失いながらも、数々の傑作を生み出し続けた。代表作は、交響曲第三番(英雄)、第九番(合唱つき)、ピアノ協奏曲「皇帝」など。

**残念格言**

親に対する子の愛は、常に健気《けなげ》である

人間です！　埋葬して！

# ニコロ・パガニーニ

1782年～1840年

「人並み外れた才能」が、実際に人間の理解を超えたものだった場合、人は「すごい」ではなく「恐い」と思うのかもしれません。バイオリンの演奏技術においてそんな「恐い」レベルの才能を持っていたのが、ニコロ・パガニーニです。

多くの天才たちと同じく幼少時からその天才ぶりを発揮していたパガニーニは、十代半ばで演奏旅行に出発。訪れたヨーロッパ各地でセンセーショナルを巻き起こしました。その演奏技術が、何しろ尋常《じんじょう》ではなかったのです。あまりの超絶テクニックに、人々は「悪魔に魂を売り渡し、身につけた技術に違いない」と噂《うわさ》したとか。演奏も悪魔なみなら、私生活もまた悪魔のようにめちゃくちゃだったパガニーニ。大のギャンブル好き、そして大の女好きで知られています。

そんな彼の欠点は、病弱であったこと。慢性的な体調不良のせいか痩《や》せて肌が黒ずんでいたようで、こうした独特な容《よう》貌《ぼう》も、先の「パガニーニ悪魔説」を強めていった原因と言われています。体調悪化によりついに演奏ができなくなった彼は、五十八歳でこの世を去りました。しかし、生前の悪魔説が災いし、教会に墓地への埋葬を拒《こば》まれてしまったのだとか。ここまでくるとさすがに気の毒です……。

**残念格言**

才能は必ずしも、良い人生の条件ではない

**足跡《そくせき》**

一七八二年、イタリアのジェノヴァに生まれる。幼少期に父よりバイオリンの手ほどきを受け、才能を開花。ヨーロッパ各地で演奏し、悪魔的ともいわれた妙技で名声を手にする。一八四〇年、病気により死亡。

生きてる時に売れたかった……

# フランツ・シューベルト

1797年～1828年

死んでから讃えられても……
しくしくしくしく
おおシューベルトってすばらしいな!
ステキ!
うちの楽団でも演奏しましょう!

足跡《そくせき》

一七九七年オーストリアに生まれる。父から音楽を学び、国立神学校では宮廷学長サリエリの指導を受ける。以降、教師として働きながら作曲を続け、多くの歌曲、交響曲を手掛ける。一八二八年、死去。

十八世紀から十九世紀の「天才音楽家」と呼ばれた人々は、たいていの場合、人生の早い時期に才能を認められ、生涯に渡って世間の注目を集めています。それに対しシューベルトは、教師として働きながらコツコツ作曲活動にはげみ、友人たちに支えられながら少しずつ世に出ていった苦労人。同時代の音楽家たちとは、少しだけ毛色が違っていたのです。

シューベルトは「歌曲の王」と呼ばれるだけあって、生涯で六百を超える歌曲を生み出しています。それまで民謡の域を出なかった歌曲を芸術にまで高めたといわれますが、こうした彼に対する高評価は、ほぼほぼ死後に与えられたもの。歌曲以外に手掛けた多くのピアノ曲や交響曲も、生前ほとんど注目を集めることはありませんでした。歌曲『魔王《まおう》』でやっとその名が国外に知られるようになった頃には、死の病魔にむしばまれていたという不遇……。残念なことに、三十二歳という若さで亡くなってしまったのです。

死因については諸説ありますが、梅毒だとも、その治療に使われた水銀の中毒だったとも言われています。いずれにせよ、晩年のシューベルトは苦痛に耐えながら作曲を続けたのでした。最後まで苦労続きの人生です……。

**残念格言**

あまりに辛い苦労は、買ってでもする必要はない

選挙は勝てても妻には完敗……

# エイブラハム・リンカン

1809年～1865年

「人民の、人民による、人民のための政治」という演説(ゲティスバーグ演説)や、「奴隷《どれい》解放宣言」を公布した人物といえば、第十六代アメリカ大統領、エイブラハム・リンカンです。

もともと農家の生まれだったリンカンは、様々な仕事をこなしつつ、独学で法律を学んだと言われています。一八三六年には、念願だった弁護士資格を取得。まもなく政治の世界へと足を踏み入れました。奴隷制の不拡大を主張し、一八六一年、ついに大統領に就任。南北戦争では北軍を指導し、戦争中の一八六四年には大統領選で再選を果たしました。しかしその翌年、観劇中に狙撃《そげき》され、死亡……。惜しまれつつ、五十七歳の生涯を終えました。

不安定な国内を高いリーダーシップで導く一方、奴隷解放をはじめとして、政治的にも大きな功績を残したリンカン。政治家として「偉大な人物」であったことは、もはや疑いの余地がありません。しかし、偉大な政治家が私生活でもリーダーシップを発揮していたとは限らないわけで……。リンカンも例にもれず、なかなか波乱万丈《はらんばんじょう》な家庭生活を送っていたようです。なぜなら、奥さんが超恐い「DV妻」だったから!

妻メアリーとは、弁護士事務所を開業したイリノイ

## 足《そく》跡《せき》

一八〇九年、ケンタッキー州で農民の子として生まれる。様々な職を経て、独学で弁護士資格を取得。一八四六年には連邦下院議員に当選。一八六一年、第十六代大統領に就任。同年、南北戦争開始。一八六三年、奴隷《どれい》解放宣言を発布。一八六四年、大統領選挙で再選するも、翌年暗殺される。

州で出会いました。恋に落ちた二人は、一八四二年ゴールイン。一八六一年リンカンが大統領に当選したことで、メアリーはファーストレディーとなりますが、彼女の国民人気はイマイチだったよう……。なぜならメアリーは、洋服やホワイトハウスの内装に多額のお金を費やす、無類の派手好き&浪費家だったからです。

それだけならまだしも、メアリーはとても感情の起伏が激しい女性……つまり、「超」がつくほどのヒステリー女でした。夫リンカンを物で殴る、熱い飲み物をぶっかける(!!)など肉体的暴力に加え、暴言を浴びせるなどの精神的暴力も酷《ひど》かったとか……。

リンカンは生涯この妻に悩まされていたようですが、一方のメアリーは夫の暗殺以降、精神的に不安定となってしまい、一八七五年には精神障害者に認定されています。

死ぬまで妻が悩みの種だった夫。夫が死んで苦悩が訪れた妻。結婚とはかくも、不思議なものです。

## 残念格言

結婚は新たな苦悩の入り口である

超マイペースに生きちゃいました

# チャールズ・ダーウィン

1809年～1882年

**足跡《そくせき》**

一八〇九年、イングランドで生まれる。ケンブリッジ大学神学部を卒業後、ビーグル号に乗り込み世界周航に出発。帰国後は、博物学者、地質学者として活躍。一八五九年『種《しゅ》の起源《きげん》』出版。一八八二年、死去。

一八五九年、チャールズ・ロバート・ダーウィンは歴史的著書『種《しゅ》の起源《きげん》』を出版。「自然選択（自然淘汰《とうた》）」によって生物が多様に進化した、という彼の説は、神が生物を創造したと考えられていた当時のヨーロッパ社会に大きな衝撃を与えました。

ダーウィンの幼少期は、意外にも「優等生」ではありませんでした。むしろ、優秀な医師である父の期待に一切応えなかった、超マイペース少年だったと言えます。

父方は医師の家系、母方は陶器《とうき》で知られるウェッジウッド家という裕福な家庭で育てられたダーウィン少年は、植物などの採集が大好きなちょっと変わった子どもでした。父は彼を医師にすべくエディンバラ大学医学部に進学させますが、自然観察や採集に夢中だったダーウィンは、すぐに挫折《ざせつ》。諦めた父は、牧師にすべくケンブリッジ大学神学部に転学させるものの、ここでも昆虫採集ばっかりやっていたダーウィン。卒業後は牧師どころか、父の反対を押し切って測量船ビーグル号に乗り込み、世界周航に出てしまったのでした。しかし、この経験のおかげで彼は学者の仲間入りを果たし、『種の起源』のテーマである「自然選択」の着想を得ることもできたのです。超マイペースも捨てたもんじゃありません！

**残念格言**

親の思い通りが「良い子育て」ではない

生涯ずーっと病弱でした

# フレデリック・ショパン

1810年～1849年

**足跡**《そくせき》

一八一〇年、ポーランド生まれ。幼少期より天才としてその名を轟《とどろ》かせ、ワルシャワ音楽院卒業後はウィーン、パリに渡る。各地で意欲的に作曲活動を続けるが、一八四九年、病気により死亡。

十九世紀の「天才音楽家」として忘れてはならないのが、フレデリック・フランソワ・ショパンです。ポーランドのワルシャワ近郊に生まれた彼は、まだ一桁の年齢で驚くべき神童ぶりを発揮し、「モーツァルトの後継者」などと噂《うわさ》されました。人生初の演奏会は、何と八歳の時！　瞬《また》く間にその名を広め、音楽院卒業後に身を落ち着けたパリでは、シューマンから「諸君、帽子をとりたまえ。天才だぞ！」と絶賛されています。

音楽家としてぶっちぎりの才能を与えられたショパンですが、一つだけ与えられなかったものがありました。それが、「健康」です。彼を生涯に渡って苦しめ続けた病気が何だったのか、はっきりとは分かっていませんが（ただし現在は「結核《けっかく》」という説が有力）、この病のせいでショパンは、人生の多くを闘病と療養に当てなくてはなりませんでした。

二十六歳の頃には愛する女性マリア・ヴォジンスカとめでたく婚約できたものの、病弱なことを不安視した彼女の両親によって婚約破棄されてしまったとか。その後は女流作家ジョルジュ・サンドと交際を続けますが、結局ゴールインならず……。病の苦しみ、経済的な困窮《こんきゅう》という二重苦の中、天才ショパンは四十歳の若さで亡くなってしまいました。

**残念格言**

どんな才能よりも偉大なのは、健康である

白衣の天使!?　いえ、私は鋼の意志を持つ者

# フローレンス・ナイティンゲール

1820年〜1910年

現在でもなお、看護師の象徴的存在であり続けているフローレンス・ナイティンゲール。一八五四年に勃《ぼっ》発《ぱつ》したクリミア戦争では負傷兵の手当てや衛生面の改善に邁進《まいしん》し、兵士たちから「クリミアの天使」と呼ばれたことで知られています。

「天使」のイメージもあってか、優しくふんわりとした人物像だと思われがちな彼女ですが、実際はどうだったのでしょう？　正解は……ふんわりのかけらもない、「鋼の女」でした！

ナイティンゲールは、裕福な家庭で育ちました。頭の回転が速かった彼女に、両親は惜しみない教育をほどこしたのだとか。語学はもちろん、哲学、天文学、歴史、数学、心理学などありとあらゆる学問を身につけたナイティンゲール。スーパー才女へと成長した娘に両親の期待も高まりますが、娘が志したのは、当時「ただの病人の世話係」としか認識されていなかった、看護師でした。両親はもちろん大反対！　しかし彼女は自分の意志を一切曲げません。それどころか、負傷兵の扱いが問題視されていたクリミア戦争に、看護師として従軍することを決意するのです。

数十名の女性看護師を率い、戦場へと乗り込んだのは三十四歳の頃。軍医らは彼女たちに非協力的でし

たが、鋼の女はそんなことにビクともしませんでした。ある時など、備蓄の薬を出し惜しみする軍医に対し、彼女は斧《おの》で木箱をたたき割り(!!)、中の薬を持って行ったのだとか。優しい天使の面影は、もはやゼロでした……!

　このように武闘派(?)看護師として活躍した彼女ですが、その期間はわずか二年ほど。真の業績は、帰国後に行った統計資料の作成だと言われています。そもそも頭キレッキレの才媛である彼女は、持ち帰った戦死者・傷病者の膨大なデータを分析。「鶏のとさか」と呼ばれる円グラフを考案し、統計資料の視覚化を実現させました。看護学校の設立に尽力し、看護師の社会的地位向上に貢献したのはもちろんのこと、こうした統計学における功績から、祖国イギリスでは「統計学の先駆者」とされているのです。

　戦場で無茶しすぎたせいか、人生の後半は病で寝たきりになってしまったそうですが、執筆活動は精力的に続けました。さすがは鋼の女!

**足《そく》跡《せき》**

一八二〇年、両親の新婚旅行中にイタリアのフィレンツェで生まれる。勉学に励み、幅広い教養を身に付ける傍ら看護師としての知識も身につけ、一八五四年、クリミア戦争に従軍。現場で多くの改革を行い、一八六〇年、ロンドンに看護婦学校を設立。看護師の社会的地位向上に貢献。一九一〇年、死去。

**残念格言**

本気で戦える者が、真に人を癒せる

西郷どんと比べないで(涙)!

## 大久保利通《おおくぼとしみち》

1830年～1878年

①「親しみやすい人情派」、②「冷静沈着な理論派」、どちらのタイプに好印象を持ちますか？ と問われれば、たいていの人は①と答えることでしょう。特に日本人の場合、②のようなタイプには英雄《ヒーロー》的な偉大さを感じにくいようです。

①のタイプと比較されるせいで、今も昔も国民人気を獲得できない気の毒な偉人が、②のタイプの大久保《おおくぼ》利通《としみち》。この場合の①のタイプとはもちろん、「西郷《さいごう》どん」の愛称でおなじみ西郷隆盛《たかもり》です。

大久保と西郷には、たくさんの共通点があります。どちらも薩摩《さつま》藩出身であり、年齢も近いマブダチ同士(西郷の方が二歳だけお兄さん)。明治維新後は共に新政府の中心人物として活躍し、新しい日本の土台を作りました。

しかし、彼らはあることがきっかけで、決定的に違う道をたどることとなりました。それが、西郷や板垣《いたがき》退助《たいすけ》らの主張した「征韓論《せいかんろん》」です。これは武力で朝鮮を開国させようという荒っぽい主張ですが、理論派の大久保は「そんなことしたら諸外国が黙ってないだろ！」と大反対。西郷ら征韓論を主張する官僚たちを失脚させたのです(明治六年政変)。

政府内で揺るぎない立場を築いた大久保は、おなじ

### 足跡《そくせき》

一八三〇年、薩摩《さつま》藩に生まれる。討幕運動で活躍し、新政府成立後は参与、参議、大蔵卿などに就任。版籍奉還《はんせきほうかん》や廃藩置県《はいはんちけん》などを実現させた。一八七一年、征韓論《せいかんろん》を唱える西郷隆盛《さいごうたかもり》らを失脚させ、一八七七年には西南戦争で政府軍を指揮。日本の近代化を推し進めたが、一八七八年、紀尾井坂《きおいざか》で暗殺される。

みのフレーズ「富国強兵」を掲げ、日本の近代化を目指しました。一方の西郷は、特権を失い不満を爆発させた士族たちに担がれる形で、西南戦争を起こすことに……。この戦争で政府軍を指揮したのは、かつてのマブダチ大久保。運命とはなんとも皮肉なものです。西郷自刃《じじん》の知らせを聞いた大久保は悲しみのあまり号泣したといいますが、世間のイメージは完全に「大久保利通＝西郷どんの敵＝超悪い奴」となってしまいました。

しかしそのイメージとは裏腹に、実際の大久保は、私利私欲とは無縁の人物でした。それどころか、国の借金の穴埋めとして私財を投げうっていたとか！ 私生活は子煩悩《こぼんのう》な良き父親で、この時代には珍しいイクメンだったと言われています。

むしろ「いい人」だったにもかかわらず、最後まで悪役キャラを払拭《ふっしょく》できなかった大久保。西郷を殺した奴！ として恨まれた末、頭部めった刺しという残虐《ざんぎゃく》な方法で暗殺されてしまいました。

**残念格言**

イメージで人を判断してはいけない

幕末のクレイジーボーイだよ☆

# 吉《よし》田《だ》松《しょう》陰《いん》

1830年～1859年

幕末という波乱の時代にあって、時代を象徴するかのように波乱な人生を送った人物がいます。それが吉《よし》田松陰《だしょういん》。松下村塾《しょうかそんじゅく》を開いた教育者として知られる彼ですが、実は無茶ばかりのクレイジーボーイでした。

幼少期に山鹿《やまが》流兵学師範だった叔父の養子となり、厳しい教育を受けた松陰。藩校・明倫館《めいりんかん》の師範になった十九歳までは、とても順調な人生でした。風向きが変わり始めたのは、二十二歳の頃。友人・宮部鼎蔵《みやべていぞう》らと東北旅行を計画した彼は、長州《ちょうしゅう》藩の通行手形発行が出発日に間に合わないと気づきます。そこで彼がとった方法は、なんと無届の出奔《しゅっぽん》……つまり脱藩！　そのまま何食わぬ顔で旅行を続けた松陰ですが、帰藩後やっぱり罪に問われ、士籍と禄高を没収されてしまいました。なぜ手形の発行を待てなかったのか……。

松陰の無茶はまだまだ続きます。二十三歳の頃、ペリーの来航を師匠・佐久間象山《さくましょうざん》と目撃した彼は、西洋文明に心奪われてしまいました。そして決心するのです。「よーし！　お兄さん、密航しちゃうぞ☆」と。翌年、再来航したペリーの軍艦に小舟でこっそり近づいた松陰。意気揚々と船に乗り込みますが、そりゃ見つかりますよね（むしろなぜ成功すると思ったのか……）。結局、自ら幕府に罪を告白し、投獄《とうごく》されてしまったので

した。

地元・萩《はぎ》に送られた松陰はそのまま幽閉《ゆうへい》され、ようやく許されたのが二十七歳の頃。この時、叔父から引き継いだのが松下村塾です。前科二犯でありながら先生となったわけですが、松陰の無茶はまだまだ続く！日米修好通商条約の締結に怒った彼は、「老中・間部《まなべ》詮勝《あきかつ》を捕まえて条約破棄などを迫る→ダメと言われたら暗殺」という作戦を思い付きます。しかも本気で実行するため、長州藩に「武器を貸して」と正直にお願いしてしまうのです。何という正直者。かつ、恐ろしいまでの空気の読めなさ……。すっかり藩から「危険人物」認定され、またも投獄されてしまったのでした。その後、松陰は江戸に送られ、幕府の取り調べを受けることに。かけられた容疑についてはシロだと分かり一安心……のはずが、ここで例の空気を読まない正直スキルが発動。聞かれてもいない老中暗殺計画を自らペラペラとしゃべり、処刑という悲しい最期《さいご》を迎えることになってしまいました。

**足跡《そくせき》**

一八三〇年、長州藩《ちょうしゅう》の下級武士の子として生まれる。叔父・吉田大助《よしだだいすけ》の養子となって山鹿流《やまがりゅう》兵学を学んだ後、九州や江戸に遊学、佐久間象山《さくましょうざん》に師事。ペリー再来航の際、密航を企て投獄。その後、地元・萩《はぎ》で松下村塾《しょうかそんじゅく》の主宰者となり、多くの人材を育成。一八五九年、安政《あんせい》の大獄《たいごく》に連座し刑死する。

**残念格言**

無茶も正直もほどほどに……

―お子さんの塾選び、迷っていませんか？―

# 松下村塾《しょうかそんじゅく》は、子どものやる気を引き出し一人ひとりの個性を育てます！

## 松下村塾ってどんな塾？

一八四二（天保《てんぽう》十三）年に、初代塾長の玉木文之進《たまきぶんのしん》先生が開校しました。一八五六（安政《あんせい》三）年から、藩校・明倫館《めいりんかん》の塾頭でもあった吉田松陰《よしだしょういん》先生が引き継いでいます。

## どんな教育方針なの？

松下村塾は、先生と生徒が共に学び合い、切磋琢磨する「師弟同行」を理念としています。先生が一方的に与え、生徒が一方的に受け取る教育では、子どもの自主性・学習意欲が育ちません。共に同じ本を読み、意見を言い合い、時には生徒自身が先生となって教えることで、「自発的に学び取る姿勢」を育成します。

## どんな授業をしているの？

当塾は少人数教育が基本です。講義形式で授業を進めることもありますが、時にはグループごとの討論会という形で、一つのテーマを話し合い、掘り下げる場合もあります。一つの形式にとらわれず、臨機応変に目的に合わせた授業を行うのも、松下村塾の特徴です。

## 塾長・吉田松陰先生 ごあいさつ

数ある塾の中から当松下村塾のパンフレットを手に取って頂き、誠にありがとうございます。

私はこれまで、脱藩したり、密航に挑戦したり、幕府に投獄されたりと、通常では経験し得ない、貴重な経験を積んでまいりました。学問は宝ですが、経験もまた宝です！

入塾時の面接において、私は生徒に「なぜ学びたいのか？」と問います。学問とは、身に付けるだけのものでなく、生かすもの。生かした先に、経験があるのです。「学びたい」という志を持つ生徒には、ぜひ「どう生かし、何を経験したいか」を考えて頂きたいと思います。

## 先輩方からの応援メッセージ

**○久坂玄瑞《くさかげんずい》くん**

長州《ちょうしゅう》藩出身、久坂玄瑞です。松陰先生からは、藩ナンバーワンの秀才だって褒められました。今度、先生の妹さんと結婚します！　僕と高杉晋作《たかすぎしんさく》、吉田稔麿《よしだとしまろ》、入江九一《いりえくいち》は、松下村塾の四天王だなんて言われていますよ。

**○高杉晋作くん**

こんにちは！　長州藩出身、高杉晋作です。友達の久坂くんに誘われてこの塾に入りました。最初、松陰先生に「頭はいいけど久坂ほどじゃないな」などと言われ、かなりカチンときましたが、それをバネにがんばることができました。皆さんもぜひ、一緒に学びましょう！

※「松下村塾パンフレット」はフィクションですが、内容は史実です。

一度でいいからモテたかった

# アルフレッド・ノーベル

1833年〜1896年

アルフレッド・ベルンハルド・ノーベルは、「ダイナマイト」の特許で巨万の富を得た人物です。しかし、もともと人道主義者だった彼は、「自分の発明が大勢の命を奪う」という現実に生涯苦悩し続けたとか……。そうした苦しみの末に思いついたのが、「ノーベル賞」でした。この賞は、彼の遺言により、ダイナマイトで得た莫大な資産を基金として創設されたのです。

化学者・実業家として大成功を収めたノーベルですが、一方の私生活では、恋愛がことごとく失敗するかわいそうなおじさんでした。最初のお相手、ロシア人女性にはプロポーズのかいなくフラれ……。続いて、女性秘書募集の広告に応募してきたベルタ・キンスキーを結婚相手としてロックオンするものの、ベルタにはすでに婚約者がいたのでした。

最後は、二十歳以上も年下のゾフィー・フェス。長年「文通」という古風な交際を続けたものの、ゾフィーが他の男性の子を身ごもり破局。彼女はノーベルの死後、数百通ものラブレターをノーベル財団に売りつけ大金をゲットしています。よせばいいのに、財団はこの手紙を公開してしまいました。フラれた上、ラブレターまで晒《さら》されるなんて……。かわいそう!

**足《そく》跡《せき》**

一八三三年、ストックホルムに生まれる。ニトログリセリンの安定的な起爆について研究し、ダイナマイトを発明し、さらに無煙火薬も発明。世界中に爆薬工場を建設し、巨万の富を得た。一八九六年、死去。

**残念格言**

億万長者でも、愛を買うことはできない

近藤だけど「大久保です」！

## 近《こん》藤《どう》勇《いさみ》

1834年～1868年

今なお幕末の英雄として人気が高い新撰組《しんせんぐみ》。この荒くれもの集団を剣一本で束ねていたのが、新撰組局長・近藤勇《こんどういさみ》でした。

幼少時より腕っぷしの強さで鳴らしていた彼は、十六歳で天然理心流《てんねんりしんりゅう》宗家・近藤周助《しゅうすけ》に弟子入り。後に養子となりました。一八六三年には、土方歳三《ひじかたとしぞう》、沖田《おきた》総司《そうじ》らを引き連れ、将軍上洛の警護として幕府が募集した「浪士組《ろうしぐみ》」に入隊。その後、京都守護職・松平容保《まつだいらかたもり》の下で「壬生浪士組《みぶろうしぐみ》」、のちの「新撰組」が結成されました。組内の対立勢力を（暗殺により）一掃、まんまと局長に就任した近藤。一八六四年には、池田屋《いけだや》に潜伏していた尊王攘夷派《そんのうじょういは》の志士を襲撃（池田屋事件）！新撰組の名はますます世に広まっていきました。

風向きが変わったのは、一八六八年に起こった鳥《と》羽《ば》・伏見《ふしみ》の戦いです。戊辰《ぼしん》戦争の発端ともなったこの戦いは旧幕府軍の大敗に終わり、近藤らは江戸に逃げ帰るハメに……。しかし、まだやる気まんまんの近藤。甲陽鎮撫隊《こうようちんぶたい》を組織し、自らは「大久保剛《おおくぼつよし》（のち、大和《やまと》）」と名乗ってすぐに甲府《こうふ》城の守りへと向かいます。……が、一歩遅かった……。甲府はすでに、新政府軍の手中にあったのです。

またもや敗走の憂き目を見ることとなった近藤勇

## 足跡《そくせき》

一八三四年、武蔵《むさし》国に生まれる。一八六三年、浪士《ろうし》組の一員として土方歳三《ひじかたとしぞう》らと共に上洛。その後、新撰組《しんせんぐみ》の局長となり、京の治安維持に努める。一八六八年、鳥羽《とば》・伏見《ふしみ》の戦いに敗れ江戸に戻り、甲陽鎮撫隊《こうようちんぶたい》を組織するが甲府勝沼《こうふかつぬま》戦争でも敗北。流山《ながれやま》付近で捕らえられ、斬首される。

(自称・大久保さん)ですが、よくないことは続くもの。流山《ながれやま》(現在の千葉県流山《ながれやま》市)に再集結しようとした矢先、うっかり新政府軍に捕まってしまったのです(自ら出頭したという説も)。

　捕まった近藤は「自分、大久保ですから」としらを切りとおしました。彼は新政府軍にとって大罪人。しかも、新政府軍の一翼を担《にな》っていた土佐藩《とさはん》は「坂本竜馬《さかもとりょうま》、中岡慎太郎《なかおかしんたろう》を暗殺した奴《やつ》＝新撰組」だと固く信じていたため(実際の所は不明です)、捕まったらそれこそ一大事なのです。

　よって、このまましらを切りとおすしかなかったわけですが、不運にも彼が近藤勇であることを知る人物が新政府軍側にいたらしく……。「大久保です」作戦、もはや通用せず！

　薩摩《さつま》藩は穏便《おんびん》な対応を主張しますが、やはり土佐藩は「絶対死刑！」の姿勢を崩しませんでした。結局、板橋《いたばし》刑場にて斬首されてしまった近藤勇。彼の首は、京都の三条《さんじょう》河原《かわら》に晒《さら》されたのでした。

**残念格言**

**大事な嘘ほど、最後はバレる**

チクショー！ まだイチから勉強してやる

## 福沢諭吉《ふくざわゆきち》

1834年～1901年

一万円札の肖像でおなじみ、福沢諭吉《ふくざわゆきち》。ある時は『学問のすゝめ』の著者として、またある時は「お金」の隠語として、日本人ならその名を知らぬ者はいないほどです。

何しろ「万札」のイメージが強い彼ですが、生まれた時からお金に縁があったわけではありません。諭吉は、中津《なかつ》藩(現在の大分県)で下級武士の子として生まれました。わずか三歳で父と死別するなど苦労の多い幼少期でしたが、意外にもやんちゃ坊主だったとか。

十四、五歳頃になってようやく勉強に目覚めた諭吉は、二十歳の頃、長崎に遊学。ここで出会ったのが蘭学《らんがく》(オランダ語による西洋の学問)でした。

一年ほど長崎でオランダ語を学んだ彼は、故郷に帰らず、大坂《おおさか》に向かいます。大坂には、当時蘭学者としてその名を轟《とどろ》かせていた緒方洪庵《おがたこうあん》がいました。洪庵の適塾《てきじゅく》で学び始めた諭吉はみるみる頭角を現わし、二十二歳にして塾頭に就任！ 得意のオランダ語をますます極めていきました。

転機が訪れたのは、二十四歳の頃。中津藩の命令で、江戸の中津藩屋敷に蘭学塾を開くこととなったのです(後の慶應義塾《けいおうぎじゅく》大学です)。江戸に移り住んだ諭吉でしたが、ここで人生最大のピンチが！

それは江戸から横浜まで足を伸ばした時のこと。外国人居留地だった横浜は、諭吉にとって自分の語学力を試せる絶好の場所でした。ところがどっこい。横浜に到着した諭吉は大ショック！　外国人たちにオランダ語が全く通じないのです。それもそのはず、当時、世界の主導権を握っていたのは大英帝国。よって、主流の言語も英語。オランダ語はもはや時代遅れになっていたのでした。これまでの人生を蘭学に捧げた諭吉にとっては、あまりに切ない現実です……。

しかし彼は、いじけることも、くじけることもありませんでした。何と英蘭辞書を片手に独学で英語を勉強し始めたのです。前向きさとメンタルの強さがもう、ケタ違いですね！

その後も、咸臨丸《かんりん》で渡米したり、幕府の使節団に随行してヨーロッパ各国を歴訪したりと、精力的な活動を続けた諭吉。自らの経験を本にまとめ、西洋の思想や知識を広めていったのでした。

**足跡《そくせき》**

一八三四年中津藩《なかつ》の大坂《おおさか》蔵屋敷生まれる。緒方洪庵《おがたこうあん》の適々斎《てきてきさい》塾《じゅく》で蘭学《らんがく》を学び、一八五八年、江戸の中津藩邸内で蘭学塾を開く。一八六〇～六一年、幕府使節団に随行しヨーロッパを歴訪。一八六八年、塾名を慶応義塾《けいおうぎじゅく》と改称。独立自尊、社会の実利実益の尊重を説く。主な著書に『西洋事情《せいようじじょう》』『学問のすゝめ』。

**残念格言**

成功できる人は、挫折をバネにできる人

# アンドリュー・カーネギー

お母さんの愛に支えられ、平等を夢見てのし上がりました！

1835年〜1919年

アンドリュー・カーネギーは「アメリカン・ドリーム」を体現した人物。一八三五年、貧しい織物職工の息子としてスコットランドで生まれた彼は、その後アメリカで「鉄鋼王」と呼ばれる事業家へとのし上がり、ついに、近現代史で二番目とも言われる大富豪となったのです。

貧しいカーネギー一家が渡米したのは、一八四八年のことでした。アンドリュー少年はまだ十四歳でしたが、家計を助けるためさっそく綿織物工場で働き始めることに。この時の週給は、わずか一ドル二十セントだったと言われています。そしてここから、彼のスーパー成り上がり人生がスタートするのです。

ペンシルヴェニア鉄道に転職した彼は、本を借り、独学で勉強を重ねて、着実に出世していきました。ここで鉄道の発展に目を付け、鉄道関連会社への投資を開始。さらに「これからの時代は鋼鉄だ！」と確信した彼は、蓄えた資金で製鋼所の建設に着手しました。これが大当たり！　手に入れた莫大な利益で鉱床や炭坑、船舶などを次々と買収し、これらの事業をまとめてカーネギー鉄鋼会社を作り上げたのです。こうして「鉄鋼王」となったカーネギー。成功の裏には、たゆまぬ努力、そして類まれなる先見の明があったのはもちろんのこと、「愛する母」の存在もまた、彼に大きな影響を与えたと言われています。

カーネギーが晩年、自ら執筆した自伝には、母がいかに素晴らしい人物であったかが切々と綴《つづ》られています。実際、彼が人生で初めて投資の話を持ちかけられた時、五百ドルの資金が用意できなかった息子のために、母は苦労して手に入れた自宅を売却してまで資金を捻出《ねんしゅつ》しています（甘やかしではなく、愛なのです！）。

また、彼は「裕福な人間は社会のためにその富を使うべきである！」という超絶カッコいい信念のもと、晩年、貯えた財産のほとんどを公共図書館の建設や大学設立のために使いました。こうした考え方も、母からの教えだったのだとか。

私生活では、結婚に反対だった母の意志を尊重し、独身を貫き通しました。ようやく結婚したのは、母が亡くなった後。五十三歳になってからでした。母のため結婚すら後回しにしたカーネギー。何というマザコ……いや、愛の深さでしょう！

足跡《そくせき》

一八三五年、スコットランドに生まれる。一八四八年、家族でアメリカに移住。様々な職を経て投資で財を築き、製鉄業に進出。一八八九年には、鉄鋼会社を設立。アメリカの鉄鋼の四分の一を生産するまでになる。引退後は教育や文化事業に多くの私財を投じた。

残念格言

男はだいたいマザコンである

お姉ちゃんのおかげで偉人になれました

# 坂本竜馬《さかもとりょうま》

1835年〜1867年

幕末の偉人として絶大な人気を誇る、坂本竜馬《さかもとりょうま》。犬猿の仲だった薩摩《さつま》藩と長州《ちょうしゅう》藩の同盟（薩長《さっちょう》同盟）を成功させ、後藤象二郎《ごとうしょうじろう》に八つの策を提案（船中八策《せんちゅうはっさく》）したことが大政奉還《たいせいほうかん》の契機になったことを考えると、彼なくして今の日本はない、と言っても過言ではありません。

こうした功績もさることながら、真っ直ぐな生き様や人間性もまた、彼の魅力の一つです。萩《はぎ》で出会った久坂玄瑞《くさかげんずい》の話に触発されてすぐ脱藩したり、暗殺するつもりで訪れた勝海舟《かつかいしゅう》になぜか弟子入りしてしまったりと、色んな意味で柔軟、実直な人間だった竜馬。一方で、日本初の商社とされる亀山社中《かめやましゃちゅう》（後の海援隊《かいえんたい》）を設立するなど、常に時代の先を読んでいました。彼は、幕末という時代だからこそ、輝ける人材だったのかもしれません。

竜馬は土佐《とさ》藩（今の高知県）で四人兄弟の末っ子として生まれましたが、一番上の兄とは二十一歳、その下の姉とは十九歳も年が離れていたと言います。そんなわけで、彼がもっぱらなついていたのは、三歳年上の姉・乙女《おとめ》でした。この乙女、名前とは似ても似つかない剛腕な女性だったとか。武芸に長けていただけでなく、身長五尺八寸（約一七四センチ）、体重三十貫（約一一二キロ）という超ビッグサイズだったと言われて

**足跡《そくせき》**

一八三五年、土佐藩《とさ》(今の高知県)に生まれる。江戸で剣術を学んだ後、脱藩し勝海舟《かつかいしゅう》に弟子入り。勝の失脚後、薩摩《さつま》藩の保護を受け亀山社中《かめやましゃちゅう》(後の海援隊《かいえんたい》)を設立する。一八六六年薩長同盟を成立させ、翌年、大政奉還などを土佐藩の後藤象二郎《ごとうしょうじろう》に献策。同年、近江屋《おうみや》で襲撃され、死去。

います。彼女は竜馬のおねしょ癖《ぐせ》を治し、剣術をがっつり叩きこむなど、母親(師匠?)代わりとなって龍馬をビシビシ育て上げました。

竜馬は大人になってもなお、この姉を慕《した》ってやまなかったようです。竜馬が書いた手紙は現在、百三十〜四十通ほど確認されていますが、このうち最も多いのが乙女に宛てたもの。竜馬の代名詞ともいえる「日本を今一度洗濯致し申し候《そうろう》」も、乙女宛ての手紙に書かれた言葉です。

一方で、女性関係はド派手だった竜馬。初恋相手や師匠の娘と浮名を流した後、結婚したのは楢崎龍《ならさきりゅう》(通称・お龍《りょう》)という娘でした。

竜馬は結婚後、彼女を連れて九州旅行に出掛けています。これは日本初の新婚旅行と言われていますが、何とこの旅行中さえも、竜馬は姉に手紙を書いているのです。現代なら確実にひかれる行為ですが……お龍が気にしなかったことを祈りましょう。

**残念格言**

マザコンもシスコンも、たぶん一生治らない

すっかり強欲キャラですわ……

## ジョン・ロックフェラー

1839年～1937年

産業の変化とともに、石油・ガソリンの需要が急速に高まった十九世紀。ジョン・デイヴィソン・ロックフェラーは、この変化にうまく乗じ、石油市場を独占することで巨万の富を築きました。彼は近現代史上最も多くの資産を手に入れたとされる、スーパー大金持ちなのです。その額は、現代の物価に換算すると、何と二千五百億ドル……と言われても額が大きすぎて庶民には全然ピンときませんが、現代の大金持ち代表ビル・ゲイツの総資産がおよそ八百七十億ドルですから……とにかく、ものすごい大金持ちだったことは確かです！

そんなロックフェラーも、アンドリュー・カーネギーと同様、自らの力だけでのし上がったアメリカン・ドリーマー（つまり成金）。生まれは決して裕福ではありませんでした。むしろ貧しい家庭に生まれた彼は、学校を卒業してすぐの十六歳で就職。一八五九年、友人のモーリス・クラークと起業し、得た利益を元手に石油業界へと進出していったのです。

彼の手法は、競合するライバル会社をガンガン追い詰めて買収、あるいは倒産に追い込むといった、かなり容赦ないものでした。会社が巨大になるにつれ、踏みにじられた人々の恨みも蓄積されていったわけです。

**足《そく》跡《せき》**

一八三九年、アメリカ・ニューヨーク州に生まれる。
一八七〇年スタンダード石油会社を設立。他企業の買収・合併を繰り返し、全国精油業の九十%以上を支配するに至る。
一八八二年スタンダード・オイル・トラストを創設。引退後はロックフェラー財団を設立し、慈善活動に邁進《まいしん》した。

これはなかなか恐ろしいシステムですね！

さらに彼の会社をより巨大にしたのが、法律によって各州バラバラに経営せざるを得なかった会社を資本的にまとめる「トラスト方式」の導入でした。こうして誕生した「スタンダード・オイル・トラスト」は、世界で最も巨大で、最も利益を生み出す企業となりました。

しかしこのトラスト方式も「市場の独占だ！」とまたもや大ブーイング！　反トラスト法とされるシャーマン法が成立すると、スタンダード・オイル・トラストはこの法令に違反するとして、一九一一年、分割させられてしまったのでした。

晩年、ロックフェラーは医学や芸術活動、公衆衛生などの分野に寄付を行うロックフェラー財団を創設。すさまじい額の資産を慈善活動のために使い続けました。史上最大の大金持ちだった彼は史上最大の慈善活動家でもあったわけですが、この功績がなぜか霞《かす》んでしまうのは、事業家時代にさんざん恨みを買ったせいでしょうか……。

**残念格言**

いくら貯めたかではなく、どう使ったかが大事

空気なんて読んでられるか!!

# トーマス・エディソン

1847年～1931年

トーマス・アルヴァ・エディソンは、努力を積み重ね、素晴らしい発明品を世に送り出した「スゴイ偉人」として語られることが多い人物です。正規の教育を受けられなかった彼は、働きながら独学で知識を蓄え、自らの努力で道を切り開きました。その意味では、確かに「スゴイ偉人」なのですが……。これまで語られてきた偉人・エディソンは、ちょっと美化されすぎているかもしれません。

そもそも、正規の教育が受けられなかった原因も、エディソン自身にあるのです。なぜなら彼は、超問題児だったから！　人並み外れた「好奇心」と「空気の読めなさ」を兼ね備えていたエディソンは、的外れな質問のオンパレードで教師を困らせたり、燃焼の仕組みを知ろうとして自宅の納屋を全焼させたりと、問題ばかり起こしていました。そのため、小学校をわずか三か月で退学!!　後の「発明王」の幼少期は、自宅でお母さんに勉強を教わりつつ、一人で化学実験に没頭するという、何とも薄ぐらーいものでした。

二十三歳の頃、エディソンは初めて発明の特許で大金をゲット。この資金を元手に研究所を建て、ますます研究に没頭していきました。この時期の彼の代表的な発明品といえば、白熱電球です。しかし実際のとこ

足《そく》跡《せき》

一八四七年、アメリカ・オハイオ州に生まれる。正規の教育をほとんど受けず、母親からの指導や図書館での独学によって学ぶ。株式相場表示機の発明で資金を得て、研究所を設立。蓄音機、映画の撮影機、白熱電球など、様々な製品の発明、改良に携わる。生涯の特許は千三百種にのぼる。

ろ、エディソンはこれをよりよく商品化させた「改良者」であって、白熱電球自体の発明者でありません。彼は確かに発明王ではありましたが、このような改良発明が多かったのもまた事実です。本当は改良なのに「自分の発明だ！」と言い張ることも多々あったようで、特許関連の裁判沙汰は後を絶ちませんでした。

さらに、直流電流の優位を信じていたエディソンは、ニコラ・テスラが実用化した交流電流を絶対に認めませんでした（交流の仕組みを理解するには高度な数学の知識が必要であり、学校教育を受けてないエディソンにはこれが理解できなかったという説もあります）。認めないだけならまだしも、イヌやネコを交流電流で感電死させるなど、最低すぎるネガキャンまで展開。もう「人としてどうなの⁉」というレベルです。

そんなエディソン、晩年はオカルトにはまり、死者と交信する通信機（その名も「スピリット・フォン」）を本気で作ろうとしていたとか。色々とつかみどころのない人ですね……。

残念格言

才能と人間性は必ずしも比例しない

人生って迷い道……

# フィンセント・ファン・ゴッホ

1853年～1890年

一九八七年、日本の企業が（当時のレートで）およそ五十八億円というとてもつもない金額で購入したのが、フィンセント・ファン・ゴッホの名画『ひまわり』です。

ゴッホの絵画はどれも、めまいがするほど高い値段で取引されていますが、当の本人は画家としてほぼ収入を得ることがないまま、この世を去りました。ゴッホが画家として活動したのは、およそ十年とあまりに短い期間。そのため、存命中に売れた絵はわずか一枚だったのです（「数枚売れた」という説もありますが、売れない画家だったという事実は変わらず……）。ゴッホの画家人生は、なぜたったの十年間だったのでしょうか？

一つ目の理由は、「『画家になろう！』と決意したのが遅すぎた」から。十六歳の頃に社会人生活をスタートさせた彼は、画商の店員になる→クビになる→（無給の）語学教師になる→書店員になる→受験勉強がんばる→難しくて挫折《ざせつ》→キリスト伝道師になる……と、一貫性のない十一年間を送りました。で、そうこうしているうちに、アラサーという熟したお年頃になってしまったのです。

二つ目の理由は、「早死にしてしまった」から。満三十八歳。ようやくアラフォーという若さにも関わら

ず、銃で自らの胸を撃ち、自殺してしまいました。彼の絵がじわじわと評価を高めていた矢先の悲しい出来事です。

十年という画家生活も、気の毒なほど山あり谷ありでした。「芸術家たちの新しい協同組合」を夢見たゴッホは画家ゴーギャンと共同生活を始めますが、数か月でなんとな〜くそりが合わなくなった二人。ゴッホは精神的に不安定な状態となり、ついに「自分の耳を切り落として娼婦《しょうふ》にプレゼントする」というガクブルな事件を起こしてしまうのです。駆けつけた警察官に保護され、病院に収容されることになったゴッホ……。その後も入退院を繰り返しながら絵を描き続けましたが、精神的不調は最後まで改善されることはありませんでした。

そんな実質ほぼ無職だった彼を経済的に支え続けたのが、弟のテオドルス（通称・テオ）でした。売れなくても、辛くても、自分を理解してくれる弟テオがいたからこそ、ゴッホは描き続けられたのかもしれません。

**足《そく》跡《せき》**

一八五三年オランダで生まれる。様々な職を経て、一八八〇年画家になる決意を固める。一八八六年パリに出て創作活動を行い、一八八八年アルルに移住し『ひまわり』の連作などを描くが、精神的な不調をきたす。療養生活を送りながら創作を行うものの、一八九〇年死去。

**残念格言**

どんな人にも必ず理解者はいる

平穏な人生、くそくらえ！

# アルチュール・ランボー

1854年～1891年

足跡《そくせき》

一八五四年、フランスに生まれる。家出を繰り返した後、一八七一年、パリに出て創作活動を行う。詩人ポール・ヴェルレーヌと愛人関係になり、その後破局。各地を放浪した。一八九一年、死去。

天才詩人アルチュール・ランボーは、幼い頃から群を抜いた秀才&優等生でした。人生最初の岐路は、思春期まっ盛りの十五歳頃。厳格だった母親に反発し、家出を繰り返すようになってしまったのです。詩を作りながら各地を放浪するなど、典型的な中二病を患ったランボー少年。見事に反抗期をこじらせ、ついに学校へ戻ることはありませんでした。

十代後半は本を読みあさり、詩の世界を深める日々。そんな中、詩人ポール・ヴェルレーヌ（男性&妻子持ち）に手紙を送ったことが第二の岐路となります。これがきっかけで、ヴェルレーヌ（繰り返す！ 男性&妻子持ち）と愛人関係に！ 二人はヨーロッパ各地を転々としますが、ある時、口喧嘩が行き過ぎてヴェルレーヌが拳銃を発射。ランボーの左手に命中してしまいます。ヴェルレーヌはそのまま逮捕……。ランボーはこれを機に彼氏と別れ、代表作『地獄の季節』を完成させます。……が、スキャンダルを起こし過ぎたせいで、もはや文壇には戻れませんでした（ですよね！）。

彼の詩人生活は、二十二歳で早くも終了。以降は世界各地を放浪したり、アフリカで武器商人になったりと、相変わらず平穏とは無縁の日々を送ったのでした。

**残念格言**

人生は、「長さ」より「密度」

エディソン、あいつだけは許さん

## ニコラ・テスラ

1856年7月10日〜1943年1月7日

足《そく》跡《せき》

オーストリア王国（現クロアチア）生まれ。一八八四年、アメリカに移住。交流発電システムを完成させる。一八八八年、ウェスティングハウス社を設立。その後高圧変圧器や無線トランスミッタなどを発明。

天才・高身長・イケメンと三拍子そろっていながら、女性ではなく白い鳩《はと》に恋してしまうなど、奇人変人ぶりが今日にも伝わる鬼才の発明家、ニコラ・テスラ。そんな彼が生涯にわたって憎み続けたのは、これまた天才発明家としてその名を知らぬ者がいないトーマス・エディソン、その人でした。

それは、テスラがエディソンの会社「エディソン電灯」へ入社したことから始まります。交流発電システムを完成させたテスラに対し、直流の優位を信じていたエディソンは、自社のシステムを交流で動かせたら賞金5万ドルを払うと持ちかけました。テスラはあっさり成功させてしまうのですが、プライドを傷つけられたエディソンは、賞金の件をまさかの・・・すっとぼけ！　これに大激怒したテスラは、会社を退社。以降、直流と交流、業界の標準規格の座を巡って、両者は熾烈《しれつ》な争いを続けるのです。

交流電気で動物を処刑するなど、交流に対するエディソンのネガティブキャンペーンはあまりにゲスく、テスラのエディソンへの憎しみは生涯消えませんでした。一九一五年に共にノーベル物理学賞候補となりますが、「奴と同時受賞なんて冗談じゃない！」と、双方これを嫌がったと言われています。

**残念格言**

憎くても、最後は許せた方がいい

特許出しとけばよかった……

## 屋《や》井《い》先《さき》蔵《ぞう》

1863年～1927年

やーい電池できたー!!
でも特許先こされた…
貧乏なんてキライ
ズーン

**足《そく》跡《せき》**

一八六三年、新潟県に生まれる。働きながら大学受験に挑むも失敗。以降、独学で研究活動を行う。一八八七年、屋井《やい》乾電池を発明。特許取得は遅れたものの、国内外でシェアを獲得。「乾電池王」と称される。

十九世紀の終わりから二十世紀の初めにかけては、世界中で多くの発明品が生み出されました。乾電池の特許は一八八八年、ドイツ人のカール・ガスナーらが取得しています。しかし、それよりさかのぼること一年。世界で初めて乾電池を発明したのは、日本人の屋井先蔵《やいさきぞう》でした。

屋井は、新潟《にいがた》県長岡《ながおか》市生まれ。大学で学ぶことなく、独学で研究を続け、「連続電気時計」を発明したという超努力家です。この時計に使用したのは、いわゆる湿電池。手入れがめんどくさい上、冬場は凍ってしまうという使えない代物だったため、屋井は乾電池の開発に取り組むことに。こうして出来たのが、世界初の乾電池「屋井乾電池」だったのです。

しかし、屋井が特許を取得したのは、発明から六年もたった一八九三年。この頃「屋井乾電池」はすでに世界中に知られており、アメリカから日本へ模造品が逆輸入されていたという何とも切ない状況……。特許申請が遅れた理由は、「お金がなかった」から。貧乏だった屋井には、高額な特許取得費用がなかなか払えなかったようです。ちなみに、日本における最初の乾電池の特許も、屋井ではなく別の人です。屋井氏、どこまで遅かったんだ……。

**残念格言**

「権利」には常に敏感であれ

宿敵はパパラッチ！

# マリ・キュリ

1867年〜1934年

カシャ
カシャ
やめてっ
カシャ
W不倫なんかじゃない！
あちらに奥さんがいるなんて知らなかったの！！

夫・ピエールと二人三脚での研究、ラジウム、ポロニウムの発見、二度のノーベル賞受賞など、マリ・キュリは偉大な功績を挙げた物理学者です。そんな輝かしい功績によって有名人となった彼女は、「マスコミに追い回される」という国民的アイドルなみのツケを支払うことになりました。

一回目のノーベル賞受賞時からすでに、怒涛《どとう》のごとく押しかけるマスコミにげんなりしていたキュリ夫妻。そのせいで、大事な研究も頓挫《とんざ》してしまいます。夫・ピエールの死後、科学アカデミー会員の候補になった際には、対立候補側の新聞に根も葉もないデマを書かれるはめに……。

最も酷かったのは、二回目のノーベル賞を受賞する直前です。亡き夫の弟子だった年下男性と知り合い、深い仲となったマリですが、実はこの男、既婚者だったのです。これに飛び付いたのが、不倫ネタが大好物のマスコミ。「夫は事故死ではなく、マリの不倫を知っての自殺だった！」など、酷いデマを書きたてました。ついには、群衆から石を投げられるまでになったかわいそうなマリ。こんな状況の中、ノーベル賞受賞の知らせを受けた彼女ですが、受賞後は心労で寝込んでしまったとか。有名人は大変ですね……。

**残念格言**

名誉と称賛は、時に嫉妬と憎悪を招く

**足跡《そくせき》**

一八六七年、ポーランドに生まれる。夫ピエールと共に放射性物質を研究し、ラジウム、ポロニウムを発見。一九〇三年、ノーベル物理学賞受賞。夫の死後も研究を続け、一九一一年、ノーベル化学賞を受賞。

# 野口英世《のぐちひでよ》

本当の特技は借金踏み倒しなんです☆

1876年～1928年

「偉人中の偉人」として誰もが知る、野口英世《のぐちひでよ》。福島の貧しい農家に生まれた彼は、幼い頃、左手に重度のやけどを負いながらも苦学を続け、医師免許を取得。渡米し、梅毒や黄熱病の研究に人生を捧げたことで知られています。

「貧乏」「苦学」「偉大な業績」と、偉人に必須な三要素をすべてクリアしている英世。しかし実際の彼は、金銭感覚がとことんルーズな「借金踏み倒しの天才」でした。

貧しかった英世が医師になれたのは、猪苗代《いなわしろ》高等小学校の教頭・小林栄《こばやしさかえ》と、高山《たかやま》歯科医学院（今の東京歯科大学）の講師・血脇守之助《ちわきもりのすけ》のおかげです。小林氏は左手を手術するための資金を集めてくれたばかりか、上京の際、英世に大金を貸してくれました。この大金、大切に使ってしかるべきですが……英世は遊び呆けてあっという間に使いきってしまったとか。

金欠になった英世が次に頼ったのは、心優しい血脇氏です。彼は英世に毎月せっせと多額の援助を行いました。英世が医師免許を取得した後は、講師の職まで斡旋《あっせん》してくれた神のような人。むしろ神！

さらに神・血脇氏は、英世のために良い縁談を取りまとめ、英世は多額の結納金までゲットすることがで

きました（血脇氏の全ては、優しさで出来ています！）。この結納金のおかげで、夢だった渡米を果たせることになった英世。しかし、金銭感覚がほぼゼロの彼は、ここでまさかの本領発揮。何と渡米前の送別会で、この大金を使いきってしまったのです。さすがの血脇氏もショックのあまり呆然《ぼうぜん》としたそうですが……その後、自ら借金を背負って再び渡航資金を用意してくれたのだとか。血脇さん、いい人すぎますよ……。

借金踏み倒し王・英世の魔の手にかかったのは、血脇氏だけではありません。多額の結納金をせしめた（そして一瞬で使い果たした）英世ですが、アメリカに渡った後、いつまでたっても結婚しようとしないのです。婚期が遅れるのを心配した女性の両親が必死に結婚を促しますが、英世は一向に聞く耳を持たず。そう、これは今でいうところの、立派な結婚詐欺なのです！

偉大な業績を残した偉大な研究者・野口英世は、けっこう最低な人でした……。

足跡《そくせき》

一八七六年、福島県に生まれる。左手に大やけどによる障害を抱えながらも、周囲の協力を得て医師免許を取得。一九〇〇年渡米し、梅毒病原体の研究などに邁進《まいしん》する。一九一八年、黄熱病の研究のためエクアドルに渡る。一九二七年、再び研究のためアフリカに渡るが、翌年黄熱病により死去。

残念格言

人には色んな顔がある

恋する心が止まりません

# アルベルト・アインシュタイン

1879年〜1955年

あ〜あ
ようやく大学入ったけど全然おもしろくない…
仕事も安定してるし結婚したし永遠の愛を誓うよミレヴァ♡
まああなたったら
妻・ミレヴァ
特許局見習技師発表
ブラウン運動
いろいろやってるよ
特殊相対性理論
光量子節

アインシュタインは、言わずと知れた二十世紀最大の天才物理学者。彼の凄さは、「決してエリートではなかった」という点にあります。

むしろ小中学生の頃にはもう、立派な劣等生だったアインシュタイン。大学受験には一度失敗し、二度目でようやく合格しています。「学校」という型にはどうしてもはみ出しがちだった彼ですが、ユークリッド幾何《きか》学や微分・積分を独学で習得するなど、好きな分野は自力でとことん極めていきました。大学時代も、教師に反抗しては授業をサボりまくるダメ学生でしたが、一転プライベートでは、物理学者の難しい原論文を読み込んでいたというから驚きです。

卒業後は特許局の見習い技師として働きながら、すきま時間で理論物理学の研究に没頭。一九〇五年には、光量子説・ブラウン運動・特殊相対性《とくしゅそうたいせい》理論に関する三つの論文を、さらに一九〇七年には、固体の比熱の量子論を発表します。注目すべきは、これを書いたのが「有名な大学教授」ではなく、「無名の特許局員」だったということ。アインシュタインは、これまでの常識を何もかも覆す、まさにアンビリーバボーな男でした。

私生活では、特許局へ就職して間もなく、大学時代の学友ミレヴァと結婚しています。二児をもうけたア

足跡《そくせき》

一八七九年、ドイツに生まれる。大学卒業後、特許局に就職。一九〇五年「特殊相対性《とくしゅそうたいせい》理論」などの三論文を発表。一九一二年スイス連邦工科大学教授となる。一九二一年、ノーベル物理学賞受賞。一九五五年、核兵器廃絶を訴えるラッセル＝アインシュタイン声明に署名。同年、死去。

インシュタイン夫妻。残念ながら、このまま幸せな結婚生活へ、とはいきませんでした。なぜなら、彼は致命的に女癖が悪かった!

悪い意味で恋愛体質だったアインシュタインは、既婚の身であるにもかかわらず、次から次へと女性に手を出しまくったといわれています(彼が愛人たちに出したラブレターの数々は、現在でも保存されています)。ミレヴァを最も悩ませたのが、アインシュタインの従姉妹《いとこ》エルザとの関係。どうやらエルザとは、浮気ではなく本気だったよう……。ミレヴァはついに、「ノーベル賞をとったら、その賞金は全部私が頂く!」という、アインシュタインにしかクリアできそうもないすごい条件で離婚に承諾しました。

こうして、(この時点では)最愛の人(であるはずの)エルザと再婚を果たしたアインシュタイン。しかし、女癖の悪さが治るはずもなく、その後もせっせと浮気に精を出し続けたのでした。

**残念格言**

恋愛の仕組みは理論で説明できない

# パブロ・ピカソ

女性が芸術のモチベーションです

1881年～1973年

生涯で十五万点もの作品を作り上げ、二十世紀最大の芸術家と評されるパブロ・ピカソ。実は彼、恋人（夫）としては最低レベルでした……。

ピカソは次から次へと作風が変化したことで知られています（作風の時期は「〇〇の時代」と呼ばれています）。そして、その変化に大きな影響を与えたのが、交際した女性たちでした。

最初の恋人フェルナンド・オリヴィエは、「青の時代」から「バラ色の時代」に変化するきっかけとなった女性です。彼女と別れた後、「キュビスムの時代」の頃交際を始めたのが、エヴァ・グール。その後に交際したのが、最初の妻となるオルガ・コクローヴァでした。オルガとの出会いにより、今度は写実的な作風（「新古典主義の時代」）に変化したピカソ。あっちもこっちも、しょっぱなから落ち着きのない人です……。

オルガとの間には息子が一人生まれたものの、結婚自体は（もちろん）うまくいきませんでした。妻とケンカが絶えなくなったこの時期の作風は「メタモルフォーズの時代」と呼ばれ、お化けのように歪んだイメージが多く描かれています。分かりやすい人ですね……。

ともかく、女好きが暴走して止まらないピカソは、

ピチピチ十七歳のマリ・テレーズをゲット。二人の間には、娘が一人生まれています。この時、ピカソは四十六歳。なかなかのもんです。ちなみにオルガとは、「財産分与したくない」というあまりにアレな理由により、彼女が亡くなるまで離婚しませんでした。

その後に交際したのは、写真家ドラ・マール、そして二十一歳の学生フランソワーズ・ジロー。この頃の作風は、一番脂が乗っていた「ゲルニカの時代」です。フランソワーズとの間には二人の子どもが生まれましたが、彼女はピカソに愛想をつかし、別の男性と結婚してしまいました。そう、フランソワーズは、ピカソを捨てた唯一の女性なのです。

彼女に捨てられ腹の虫がおさまらないピカソは、子どもたちの認知をちらつかせ、彼女との復縁（つまり結婚）を約束しました。フランソワーズはそれを信じ、夫と協議離婚するのですが……この時ピカソはすでに、別の女性と再婚していたのです。ここまで最低だと逆に清々しい！

**残念格言**

**不誠実な人の「約束」を信用してはいけない**

**足跡《そくせき》**

一八八一年、スペインに生まれる。マドリードの王立美術学校で学んだ後、パリに居住し創作活動を行う。「青の時代」「バラ色の時代」を経て、「キュビスム」を創始。その後も次々と作風を変える中、オブジェの制作や陶芸、彫刻等にも取り組む。代表作に『アビニョンの娘たち』『ゲルニカ』など。

手を見ても　遊ぶお金は　出てこない（啄木）

# 石川《いしかわ》啄木《たくぼく》

1886年〜1912年

代表歌「はたらけど　はたらけど　猶《なほ》わが生活《くらし》　楽にならざり　ぢっと手を見る」（『一握《いちあく》の砂』）のせいで、「清貧の歌人」のイメージが強い石川啄木《いしかわたくぼく》。この歌のとおり、彼は生涯を通じてかなりの貧乏でした。しかし、働けど働けど貧乏を抜け出せなかった理由は、文学のせいでも社会のせいでもありません。全ては「自分のせい」！

岩手県に生まれた啄木（本名・一《はじめ》）は、比較的優秀な子ども時代を過ごしました。なかなかの好成績で盛岡《もりおか》中学校（現在の盛岡第一高校）に入学しますが、恋愛にかまけて勉強を怠るようなった彼。ついにはカンニング事件を起こし、退学処分に！　この時点で、なかなかのダメ人間ぶりです。

学校を追われた啄木は、「文学で身を立てる！」というカッコいい野望を抱いて上京しますが、世の中そう甘くはなく、東京ではお約束どおりの苦労を味わいました。そんな中、彼は岩手時代から交際を続けていた女性、堀合節子《ほりあいせつこ》と婚約。結婚式当日、節子は白無垢《しろむく》姿で啄木を待ちますが……。いくら待っても、彼は来ない。もう一度言います。新郎なのに、来ないのです！まさかの「結婚式ボイコット」……。そんな最低男と結婚してしまった節子さん。この時点ですでに、その

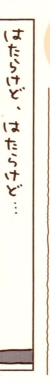

### 足《そく》跡《せき》

一八八六年、岩手県に生まれる。盛岡《もりおか》中学校退学後、文学を志し上京。短歌や詩集を発表する。結婚後、北海道での放浪を経て再び上京、新聞社に勤めるかたわら創作活動を行い、代表歌集『一握《いちあく》の砂』。一九一二年、肺結核で死去。死後、『悲しき玩具《がんぐ》』が刊行される。

後の苦労が目に見えてしまいます……。

結婚後、一家はあっという間に貧乏生活となりますが、啄木は妻子を置いて北海道へ移住してしまい、その上、仕送りすらまともに送ってくれませんでした。上京し、知り合いのつてで就職できてからようやく同居を再開できたものの、最後までド貧乏生活は改善されることなく……啄木は二十七歳という若さでこの世を去ります。

死ぬ直前、啄木は節子に「日記を焼くように」言い残しましたが、節子はこれを、啄木の友人・金田一京《きんだいちきょう》助《すけ》氏に渡してしまいました。この日記、ご丁寧に全てローマ字で書かれていたといいます。なぜなら「多くの女性と浮気しまくっていた件」など、節子に読まれたくない秘密が満載だったから！　その上、啄木に多額のお金を貸していた友人によって、彼が借金魔であったこと、借金はほぼ自分の遊びに費やされていたことなどが次々暴露されてしまいました。働けど働けど、暮らしが楽にならないわけですわ……。

**残念格言**

自業自得の貧乏を美化してはいけない

一夫一婦制？　何それ？

# エルヴィン・シュレーディンガー

1887年～1961年

エルヴィン・シュレーディンガーは、量子力学の基礎となるシュレーディンガー方程式を発見した偉大な物理学者です。彼が提唱した思考実験「シュレーディンガーの猫」は、未解決の命題として現在でも議論されるほど。そんな「正真正銘の天才」である彼は、一夫一婦制に真っ向からケンカを売り続けた「かなりヤバい男」でもありました。

エルヴィンが結婚したのは三十三歳。お相手は九歳年下のアンネマリー・バーテル（通称・アニー）です。なんだかんだ普通に結婚したエルヴィンですが、ここからが彼のすごいところ。アニーという正式な妻がいながら、十代の少女から同僚の妻に至るまで、手当たり次第に愛人を作りまくったのです！　同僚の妻はさすがに泥沼……と思うでしょうが、実はこの関係、同僚公認。ベルリン大学からオックスフォード大学へ移籍した際には、この同僚にも助手の仕事を用意して、自分・妻・愛人・愛人の夫（同僚）という万全の布陣（？）で新しい職場に臨んだほどなのです。

その後、同僚の妻との間には子どもが誕生しています（育てたのは妻・アニー）。ちなみに、彼には三人の子どもがいますが、母親は全員、妻ではなく愛人です……。

**足跡《そくせき》**

一八八七年、オーストリア生まれ。ウイーン大学を卒業後、第一次世界大戦で軍務に服す。一九二六年、「波動方程式」を提唱。シュレーディンガー方程式と呼ばれる。一九三三年、ノーベル物理学賞受賞。

**残念格言**

倫理観は人それぞれ。強制も矯正もできない

ペリー呼んでこいや！

# 石原莞爾《いしわらかんじ》

1889年～1949年

石原莞爾《いしわらかんじ》は満州《まんしゅう》事変の首謀者として知られる軍人ですが、生まれもったカリスマ性と強烈すぎる個性で、「帝国陸軍の異端児」と呼ばれた男でもあります。

上官から酒やたばこを勧められても断固として拒否し、身分の上下に関係なくずけずけと物を言う石原は、軍人という縦社会においては（確実に！）嫌われるタイプでした。一方で、型にはまらない言動が熱狂的な支持者を生んだのもまた事実です。まさに「異端児」として一目置かれていた彼ですが、軍人としての出世街道は、途中でぷつりと断たれることになりました。なぜなら、後の首相であり、上官でもあった東条《とうじょう》英機《ひでき》とめちゃくちゃ仲が悪かったからです。

石原は東条とのゴタゴタのせいで、太平洋戦争が始まる前にはすでに左遷され、一線から退いていました。終戦後、満州事変の首謀者でありながら戦犯から外されたのは、「東条英機と敵対した男」という事実が大きく影響しています。

後に開かれた東京裁判出張法廷で、戦争責任は日清・日露戦争までさかのぼると述べた判事に対し、石原は「ならば（日本を開国させた）ペリーをあの世から呼んで来い」とかましました。名指しされたペリーもびっくりの無茶ぶりです。

**足《そく》跡《せき》**

一八八九年山形県に生まれる。陸軍大学校卒業後、関東軍作戦主任参謀《さんぼう》として満州《まんしゅう》に赴任。板垣征四郎《いたがきせいしろう》らと満州事変を起こす。東条英機《とうじょうひでき》との衝突により左遷された後は政治活動などを行う。一九四九年死去。

**残念格言**

一回の出世より、一回の伝説！

まだ本気出してないだけだし（以下略）

# アドルフ・ヒトラー

1889年〜1945年

十二年にわたって独裁体制を敷き、ホロコースト（ユダヤ人などに対する組織的な大量虐殺《ぎゃくさつ》）を主導した、アドルフ・ヒトラー。死から七十年以上が経過した現代においても、「悪しき政治家」の象徴としてその名を知らぬ者はいません。

そもそもヒトラーは、独裁者になる前はどのような人物で、どのような少年期を過ごしたのでしょうか？　オトナになってからの曲がりっぷりを考えると、楽しい青春時代を謳歌していた……とは到底思えません。そう、十代から二十代前半にかけての彼は、何をやっても中途半端な、どうしようもないダメ坊《ぼっ》ちゃんだったのです。

ヒトラーの父は、独学で上級公務員の職を手に入れた人物でした。反抗期のヒトラーは、この努力家でプライドの高い父とたびたび衝突。親子の仲は険悪だったといいます。彼の反抗期はけっこう質《たち》が悪く、父の勧めで入学した実科中等学校は成績不良であっさり退学。父の死後に入り直した中等学校も、素行の悪さで退学となってしまいました。まさかの二回連続退学処分です。

父の遺産を食いつぶしながら、いよいよ引きこもりニートに成長したヒトラー少年。プライドだけが一人

### 足跡《そくせき》

一八八九年、オーストリアに生まれる。第一次世界大戦後の一九一九年、ドイツ労働者党（後のナチ党）に参加。一九二一年、党首となる。世界恐慌に乗じて勢力を拡大させ、一九三四年総統に就任。独裁体制を確立する。侵略政策を強行し第二次世界大戦を引き起こしたが、敗戦間際に自殺。

前の彼は、真面目に働くこともせず、そればかりか「画家になる」という壮大な夢を抱くようになりました。実際、ウイーンに移住して美術アカデミーを受験していますから、彼としては本気だったのでしょう。しかし、結果はやっぱり不合格。すぐ建築家志望へとシフトチェンジしたものの、建築アカデミーは中等教育を終えた者しか入学できないことが発覚……。中等学校を退学処分となり、小学校卒業までしか学歴がない彼には、そもそも無理な話でした（ちなみに、翌年も再び美術アカデミーを受験しましたが、結果はもちろん不合格でした）。

低学歴・退学・不合格の三つ巴《どもえ》によって、ヒトラーは立派な「コンプレックスの塊」となりました。特に、二年連続で不合格だった美術アカデミーへの恨みは酷く、独裁者になってからは、近代美術を「退廃《たいはい》芸術」とみなして徹底的に弾圧しています。史上最悪の独裁者は、裏を返せば、独裁によって劣等感をもみ消そうとした、ちっちゃな男だったのかもしれません。

**残念格言**

**劣等感は人の生き方を無意識に支配する**

わりと不死身な男です

# シャルル・ド・ゴール

1890年～1970年

収容所
いたぞ!!
群集の中にまぎれてしまえば…
でかくてすぐに見つかっちゃいました。

足《そく》跡《せき》

一八九〇年、フランス北部のリールに生まれる。士官学校を卒業した後、陸軍軍人として活躍。フランス降伏後はロンドンに亡命。フランス解放後は臨時政府の首席に指名され、一九五八年、大統領となる。

シャルル・アンドレ・ジョゼフ・マリ・ド・ゴールは、フランスの陸軍軍人であり、政府の要職を歴任した政治家でもあります。第二次大戦中、フランスがドイツ軍に降伏した際には、ロンドンに亡命政府「自由フランス」を結成。BBC放送を通じ、祖国に対独レジスタンスの呼びかけを行いました。シャルル・ド・ゴール空港をはじめ、原子力空母、橋、道路、広場など、フランスには彼の名にちなんだ施設がいっぱい！　いかに愛され、尊敬された人物だったかが分かります。

陸軍軍人から政治家へと波乱万丈の人生を歩んだド・ゴールは、数えきれないほどの死線をくぐり抜けた男でもありました。まずは、第一次世界大戦中。重傷を負った彼は誤って「死亡」と判断され、埋葬されかけてしまいます。危うくリアルに死亡するところでしたが、ギリギリのところで意識を回復。九死に一生を得ました。ドイツ軍の捕虜となった時には、懲りずに五回も脱獄を実行（そして五回とも失敗）。一番厳重な収容所行きとなってしまいました。

政治家になった後も、敵が多かった彼はたびたび命を狙われ、生涯で経験した暗殺未遂事件は驚きの三十一回！　そこまで命を狙われ、生き延びた人は他にいないかもしれません。

残念格言

「生きる」という強い意志が、人を生かす

今月のインタビュー

# シャルル・ド・ゴールさん

死なない・負けない・屈しない!
男の美学を貫く、その生き方に迫る…

**何度も暗殺されかけながら、強く生き延びているシャルル・ド・ゴールさん。その強さの秘訣について、ご本人にお話を伺いました。**

**——ド・ゴールさんといえば暗殺未遂事件というくらい、命を狙われ続けていますね?**

そうですね。銃で撃たれるたび、正直「またか!」と思います。私は脅しには決して屈しませんよ。何度銃を向けられても、屈するつもりはありません。

**——これまでで一番つらかった暗殺未遂事件は何ですか?**

やはり一九六二年八月二十二日の事件でしょうね。妻や秘書たちと車で移動中、四人組の男らに何十発も銃弾を撃ち込まれました。車が猛スピードで逃げ切ってくれたおかげで、誰も怪我をせずにすみましたがね。この時はさすがに、ド・ゴール夫妻暗殺未遂事件として世界中にニュースが流れました。妻たちに怪我がなくて何よりでしたね。

**——第一次世界大戦中は、一度「戦死」扱いになったとか?**

そうなんです。ドイツ軍の砲撃を受けて気絶していただけなんですが、まあ、場所が場所ですから、倒れていれば「死んだ」と思われても仕方ありませんよね。意識を取り戻したからよかったようなものの、気絶の時間が長かったらと思うと……。私が戦死したと聞かされた上官のフィリップ・ペタン司令官は、私のために弔辞まで書いてくれたらしいです。三十回以上の暗殺未遂もレアな経験ですが、生きているのに弔辞を書かれた人間もそうそういないと思いますよ! ははは!

**——第一次世界大戦が終わるまで、捕虜生活が続いたと聞いていますが?**

はい。戦闘では九死に一生を得ましたが、結局、捕虜になってしまいまして。捕まっても、そこから逃げればいいだけなので、それほどくよくよしませんでしたが。

**——実際、脱獄したんですか?**

ええ。捕まっても前向きな気持ちで脱獄を繰り返しましたね。なんだかんだ五回も脱獄するはめになりました。結局、毎回捕まってしまいましたが……。

**——なぜ脱獄は成功しなかったのでしょう?**

私、身長が二メートル近くもあるので……。脱獄は目立ったら終わりですから、絶対この身長のせいだと思います。あと二十センチ背が低ければ、成功できた自信があります!

※「月刊 男の美学」はフィクションですが、中身は史実です。

涙のスピード破局でした……

# 川《かわ》端《ばた》康《やす》成《なり》

1899年～1972年

川端康成は、日本人として初めてノーベル文学賞を受賞した文豪です。『伊豆の踊子《おどりこ》』『雪国』『千羽鶴』『古都』などの代表作もさることながら、「人を見る目」がとにかく優れていた彼。堀辰雄《ほりたつお》、井伏鱒二《いぶせますじ》、梶井基《かじいもと》次郎《じろう》、三島由紀夫《みしまゆきお》など、若き新人作家達の才能を見いだし、育てたことでも知られています。

一方で彼の前半生は、まるで「大事な人を次々と失う」という恐ろしい呪いにかかったかのようでした。生い立ちからさかのぼると、一歳で父が、二歳で母が相次いで亡くなっています。姉と別れ、祖父母に引き取られたものの、八歳で祖母も亡くなり、翌々年にはたった一人の姉も亡くなってしまいました。ついに、家族は祖父一人だけとなりましたが……その祖父も、十六歳の頃に死去。中学三年にして、全ての家族を失ってしまったのです。

出だしからしんどい康成の人生……。しかし孤児になった彼には一つ、大きな武器がありました。「頭がめちゃくちゃ良い」という武器が！　この武器を生かし、親戚の世話になりながら東京へ出て、旧制第一高等学校、東京帝国大学とエリート街道をばく進！　文学の道を志し、発表した小説が高く評価されるなど順調な日々を送りましたが、家族を失ったという寂しさ

足跡《そくせき》

一八九九年、大阪市に生まれる。東京帝国大学在学中に鈴木《すずき》彦次郎《ひこじろう》らと第六次『新思潮《しんしちょう》』を、卒業後は横光利一《よこみつりいち》らと『文芸時代』を創刊。新感覚派運動を起こす。一九六八年、ノーベル文学賞受賞。一九七二年、ガス自殺。代表作に『伊豆の踊子《おどりこ》』『雪国』『千羽鶴』『古都』など。

だけは、どうにも癒《いや》されません。そんな時に出会ったのが、初恋の人・伊藤初代《いとうはつよ》でした。

初代はもともと、康成が通っていたカフェの店員でしたが、カフェの閉店後は岐阜のお寺に身を寄せていました。大学一年の夏休み、康成は友人と岐阜へ立ち寄り、初代と再会。あっという間に恋に落ち、結婚を決意するのです。翌月、再び岐阜を訪れた際には婚約記念の写真までちゃっかり撮影。再会してからわずか一か月でこの進展！　康成の本気度がうかがえます。

彼は友人たちに結婚を報告し、お祝いの会まで開いてもらいました。ところがそんな幸せ絶頂の中、初代から一通の手紙が届きます。その内容は、何と婚約破棄……。

一転、地獄に落とされた康成は慌てて岐阜へ向かいますが、初代の気持ちは変わらず。結婚を決意してからわずか二か月のスピード破局となりました。家族に続いて婚約者までいなくなってしまうとは……いくら何でもかわいそう！

**残念格言**

**誰でもいつかは大事な人と別れる時がくる**

痛いのには慣れてます

## アーネスト・ヘミングウェー

1899年～1961年

アーネスト・ミラー・ヘミングウェーは、『武器よさらば』『老人と海』などの代表作で知られる作家です。多くの作品が映画化された他、一九五四年にはノーベル文学賞を受賞。まさに、二十世紀のアメリカを代表する文豪なのです。

ハードボイルドの文体を作り上げたことで知られるヘミングウェーですが、彼の人生もそんじょそこらのハードボイルド小説に負けていません。何せヘミングウェーは、十代から晩年に至るまで、何かしらの事故に遭遇しては、聞くだけでこっちが痛くなるような怪我ばかり負っていたのです。

最初の大きな怪我は、赤十字の一員として第一次世界大戦に参加していた時のこと。北イタリアの戦線で砲弾を受け、何百個もの破片が突き刺さるという重症を負いました。その後も自動車事故にあったり、銃の暴発で失明しかけたりしましたが、一番強烈なのはノーベル文学賞を受賞した一九五四年。この年、彼は二度も(!!)飛行機事故にあっているのです。驚異の生命力で見事脱出し、二度とも一命はとりとめたものの、火傷や頭蓋骨裂傷《ずがいこつれっしょう》などの重傷を負ったヘミングウェー。ノーベル賞の授賞式に出席できなくなってしまったばかりか、その後も深刻な後遺症に悩まされることとなりました。

**残念格言**

注意一秒、怪我一生!

**足跡《そくせき》**

一八九九年アメリカに生まれる。新聞記者を経て、赤十字の一員として第一次世界大戦に参戦。戦後、記者として働く傍ら小説を執筆するようになる。一九五四年ノーベル文学賞を受賞するも、一九六一年、自殺。

アイ・キャン・フライ!!

# アントワーヌ・ド・サン＝テグジュペリ

1900年〜1944年

足《そく》跡《せき》

一九〇〇年フランスに生まれる。一九二一年、兵役で航空隊に入る。除隊後は航空会社に勤務の傍ら、小説の執筆を行う。第二次世界大戦では偵察任務に従事。戦線に復帰後、一九四四年基地を発進して行方を断つ。

アントワーヌ・ド・サン＝テグジュペリは、「パイロット兼小説家」という変わった肩書を持つ人物です。小説家としての代表作は『星の王子さま』。世界中の国で翻訳されている、言わずと知れた超ベストセラーです。

二十一歳で航空隊の操縦士となって以来、彼の人生は飛行機と共にありました。除隊後は様々な仕事を経験しつつも、航空会社へ就職。小説を書き始めたのもこの頃です。見事に有名小説家の仲間入りを果たしましたが、それでもやっぱり飛行機愛が止まらない！　第二次大戦では前線への配属を自ら希望し、飛行機に乗り続けました。

休戦後は、妻とともに一時アメリカへ亡命。やっと小説家として身を落ち着ける……のかと思いきや……またもや戦線へ復帰してしまうのです（しかも自ら志願しちゃった）！　本当に好きなんですね、飛行機が……。

しかし、復帰はやめておくべきでした。偵察飛行の最中、行方不明になってしまったから！　ようやく消息の手がかりが見つかったのは、一九九八年。地中海沖で本人のブレスレットが発見されたのです。捜索の結果、機体の残骸も確認された……。海へ墜落していたのが確実となりました。

**残念格言**

命あってこその趣味

変人ですが何か？

# 岡潔《おかきよし》

1901年〜1978年

突然ですが、「変人」とはどのような人だと思いますか？「変わった人」とはつまり、その他大勢には埋没しない個性を持った人であり、言うなれば「自分だけの価値観をどこまでも貫く人」。この定義で言えば、岡潔《おかきよし》は間違いなく「孤高の変人」だったのです。

数学者・岡の最も大きな業績は、世界中の学者が誰も解けなかった多《た》変数《へんすう》複素《ふくそ》関数《かんすう》論における三つの問題を、見事解決してしまった、ということ。一般人にはすごさが分かりにくい(というかほぼ分からない)のですが、とにかく彼の成し遂げた業績は、世界中の数学者たちを驚かせました。

岡は、数学者としての自分とプライベートの自分を、きっちり分けるタイプではありませんでした。歩きながら良い考えが浮かべば、そのまま道ばたに数式を書き込んで計算を始め、自宅では布団の周りに本を積み、ゴロ寝しながら研究に没頭。起きている間中、頭にあるのは数式オンリーだったに違いありません。生活もまた個性的で、電話や家電など、いわゆる文明の利器は「俗物だ！」として使おうとせず、身に付けているのはいつも、よれた背広にノーネクタイ＆(なぜか)長靴……！　自分だけの価値観を貫く人、ステキです！

**足跡《そくせき》**

一九〇一年、大阪府生まれ。京都帝国大学、広島文理大学の助教授を経て、一九四九年、奈良女子大学教授に就任。多変数複素関数論に取り組み、世界的に有名となる。一九六〇年、文化勲章受章。

**残念格言**

ブレない人はカッコいい

体育と音楽の時間が憂鬱でした……

# ジョン・フォン・ノイマン

1903年～1957年

足跡《そくせき》

一九〇三年、ハンガリーに生まれる。複数の大学で学んだ後、アメリカに移住。一九三三年、プリンストン高等研究所の教授となる。原子爆弾開発に深くかかわったほか、ゲームの理論、ノイマン型コンピュータを創始。

人類史上、「天才」と呼ばれた偉人は数多くいますが、ジョン・フォン・ノイマンほどキレる頭脳を持っていた人物はいなかったかもしれません。驚異的な計算力と記憶力から、「IQ三〇〇」「たぶん人間じゃない」「たぶん宇宙人」などとまことしやかに噂されていたほどなのです。

ノイマンは幼少期からすでに、普通じゃない片鱗を見せていました。語学はすぐに覚えてしまう上、六歳にして八桁の掛け算をマスター。特に数学分野は、通常の学校教育では（学校の方が）追いつかず、高名な数学者たちが家庭教師になっていたほど。大学は、ベルリン大学やチューリッヒ工科大学などを掛け持ち。最終的に数学・物理・化学の博士号を取得しています。その後、アメリカでプリンストン高等研究所の教授となった彼は、数学、物理学、経済学、気象学、計算機科学など、複数の分野において多大な業績を残しました。

しかし、そんなノイマンも全てが完璧だったわけではありません。音楽と体育は人並み以下であり、親が習わせたピアノやフェンシングは全く上達せず……。ギムナジウム（中高一貫校）では首席だったにも関わらず、この二科目だけ落第寸前だったとか。やはり宇宙人ではなく、人間だったようです。

残念格言

何もかもパーフェクトな人間はいない

## サルバドール・ダリ

みんな！　俺に注目!!

1904年～1989年

上向きのヒゲに、見開いた目。サルバドール・ダリと言えば、まずこの顔が思い出されることでしょう。顔からしてすでに個性の塊なのですが、彼の作品もまた、見る者を圧倒するほどの個性を放っていました。特に有名なのは、ぐにゃりと変形した時計でおなじみ『記憶の固執《こしつ》』。何とも不思議な気持ちになる一枚です。

ダリは、スペインの裕福な家庭に生まれました。ダリ家で「サルバドール」と名付けられた子どもは、彼の他にもう一人います。それは、すぐ上の兄。残念ながら幼くして亡くなってしまいましたが、直後に生まれた弟を、両親は「サルバドールの生まれ変わりだ！」と信じました。そのため、弟にも「サルバドール」の名前が付けられることとなったのです。

親にすり込まれた「兄の生まれ変わり」という特別感が、彼の心に大きな影響を与えたのかもしれません。サルバドール・ダリは、周囲がひくほど自己顕示欲の強い芸術家へと成長していきました。彼のヤバすぎる自己顕示欲エピソードとしてよく語られるのが、一九三六年の潜水服事件。講演を行うのに、なぜか潜水服を着て登壇。酸欠寸前で死にかけたという何ともアレな事件です。その他、象に乗ってパリの凱旋《がいせん》門に現れたり、「新しいリーゼント」と言ってフラン

スパンを頭にくくりつけたりと、一発屋芸人なみのパフォーマンスで世間を騒がせました。

ダリはまた、お金への執着心が半端なかったことでも知られています。一流の芸術家でありながら、人気タレント顔負けの頻度で食品などのCMに出演。「売れる！　儲かる！　人気出る！」を優先した姿勢で、他の芸術家たちからひんしゅくを買いまくっていました。この行き過ぎた自己アピールのせいで、一九三四年には、シュルレアリスムのグループから除名されてしまいます。グループのドンである詩人、アンドレ・ブルトンからは、名前の「Salvador Dalí」をもじった「Avida Dollars（金の亡者）」というあだ名まで付けられる始末。もっとも、本人は全く懲りなかったようですが……。

しかし、気心知れた友人の前でひとたび芸術家の鎧《よろい》を脱いだ彼は、意外にも繊細、かつ真面目だったと言われています。これが真実なら、ますます不思議な男ですね……。

**足《そく》跡《せき》**

一九〇四年、スペインに生まれる。一九二一年、マドリードの美術学校に入学。一九二八年にはパリに出て多くの芸術家らと親交を深め、精神分析学者フロイトの影響を受けつつ独特の芸術世界を深める。一九四〇年に渡米。舞台装置デザインや彫刻など多彩な分野で活躍した。

**残念格言**

強すぎる自己顕示欲は、百害あって一利なし

芥川先生が好きだ。むしろ愛してる。

## 太宰治《だざいおさむ》

1909年〜1948年

高校の教科書でおなじみ『走れメロス』や『富嶽百景《ふがくひゃっけい》』、『恥の多い生涯を送って来ました』で有名な『人間失格《にんげんしっかく》』、近年映画化されたことでも話題の『ヴィヨンの妻』など、太宰治《だざいおさむ》の作品は半世紀以上たった今でも多くの人々から愛され続けています。

私生活では、薬物中毒、四度の自殺未遂(うち二度は無理心中)、本物の入水心中(しかも愛人と)など、数えきれないほど(悪い意味での)伝説を残した太宰。特に女性関係については、正面きって書くのが憚《はばか》られるくらいにやらかしています。

そんな太宰が小説家を志したのは、まだ十代の頃。学生時代は菊池寛《きくちかん》や井伏鱒二《いぶせますじ》の小説を愛読していたといいますが、中でも彼が熱中したのが芥川竜之介《あくたがわりゅうのすけ》でした。

ひたすら芥川を愛し、尊敬してやまなかった太宰。二〇一三年、彼の学生時代のノートが公開されましたが、そこには「芥川龍之介　芥川龍之介　芥川龍之介　芥川龍之介　芥川龍之介　芥川龍之介……（以下略）」と、狂ったように名前を書き連ねた落書きが……。好きな人の名前をこっそり書くのは誰もが通る道とは言え、これはちょっとしたホラーです。他にも、芥川の似顔絵(しかもけっこう上手い)が描かれているなど、

その愛はかなり深かった様子。芥川自殺のニュースを聞いた時、心底落ち込んだというのもうなずけます。

女性と揉めたり自殺未遂してみたり、てんやわんやしながら小説家デビューを果たした太宰にうれしいニュースが飛び込んできたのは、一九三五年のこと。愛する芥川の名を冠した第一回・芥川賞の候補となったのです。しかし、結果は落選……。これに激怒した太宰は、選考委員だった川端康成《かわばたやすなり》(言わずと知れた文壇の巨匠)にあて、「刺す。……(中略)……大悪党だと思った」などという、殺意あふれる抗議文を出しています(恐い!)。

次回こそ何としても受賞したかった太宰は、自分を高評価してくれた選考委員・佐藤春夫《さとうはるお》に弟子入り。選考前、佐藤に「第二回の芥川賞は、私に下さいますようやう、伏して懇願《こんがん》申しあげます。」という手紙を送りつけるなど、その執念はもはや狂気レベルでしたが、結果はまたまた落選……。第三回では候補にすら挙がらず。太宰の芥川愛は、最後まで報われないままでした。

**足《そく》跡《せき》**

一九〇九年青森県生まれ。本名、津島修治《つしましゅうじ》。一九三〇年、東大仏文科へ入学。井伏鱒二《いぶせますじ》、佐藤春夫《さとうはるお》に師事し、創作活動を行う。戦後は無頼《ぶらい》派と呼ばれ一躍流行作家となるが、一九四八年、玉川上水《たまがわじょうすい》で入水自殺。代表作に『走れメロス』『富嶽百景《ふがくひゃっけい》』『津軽《つがる》』『斜陽《しゃよう》』『人間失格《にんげんしっかく》』など。

**残念格言**

敬意は時に、恋よりも強烈

皆さまに愛されて半世紀

# チェ・ゲバラ

1928年〜1967年

空想家とも
理想主義者
とも
好きに呼べば
いいさ

エルネスト“チェ”ゲバラはアルゼンチン生まれの革命家。フィデル・カストロと共にキューバ革命を成功させた人物として知られています。南アメリカ諸国では、今なお根強い人気を誇る彼。実は「チェ」は、「やあ」「ねえ」など、親しみを込めたかけ声のようなもの。「やあゲバラ」が通称になるあたり、かなりの愛され系キャラだったことが分かります。

革命家といういかつい肩書でありながら近所のお兄ちゃんのように親しまれていたのは、超絶イケメンだったから……だけではありません。イケメンぶりもさることながら、何といってもその人間性が彼の最大の魅力。「真の革命家は偉大なる愛によって導かれる」というポリシーのとおり、ゲバラは貧しき人、弱き人のために尽くし続けました。

革命後は政府要職を歴任したゲバラですが、政治家になったとたん、根っからの理想主義者としての側面が災いしてしまいます。うっかりソ連を非難したせいで、政治の一線から退かざるを得なくなったのです。理想だけでは上手くいかない、それが政治の難しさ……。政治家から革命家に戻った彼は、コンゴ、ボリビアで革命を起こそうとしますが、あえなく失敗。最後はボリビアで銃殺刑に処されてしまいました。

**足《そく》跡《せき》**

一九二八年、アルゼンチンに生まれる。医師免許を取得後、グアテマラ革命に参加した。のち、カストロと共にキューバ革命を指導。一九六七年ボリビアの革命活動に参加中、政府軍に拘束され、処刑される。

**残念格言**

人には向き、不向きがある

## ま



## や



## ら

## さ



## た



## な



## は

# さくいん

見出しになっている人たちは
色文字で示しています。

STAFF

企画・編集
装　　丁　福ヶ迫昌信（株式会社エディット）
本文意匠　コンゼブロー・キブ
組　　版　株式会社千里

# 偉大《いだい》なる残念《ざんねん》な人《ひと》たち

発行日　2017年8月3日　第1刷

著　者　八島みず紀
絵　えのきのこ
発行人　井上 肇
編　集　堀江由美
発行所　株式会社パルコ
エンタテインメント事業部
東京都渋谷区宇田川町 15-1
03-3477-5755
http://www.parco-publishing.jp
印刷・製本　株式会社 加藤文明社



ISBN978-4-86506-218-2 C0020
Printed in Japan

落丁本・乱丁本は購入書店を明記のうえ、小社編集部あてにお送りください。
送料小社負担にてお取り替えいたします。
〒150-0045 東京都渋谷区神泉町 8-16　渋谷ファーストプレイス
パルコ出版　編集部